100 Minuten für
Anforderungsmanagement

Marcus Grande

100 Minuten für Anforderungsmanagement

Kompaktes Wissen nicht nur für Projektleiter und Entwickler

2., aktualisierte Auflage

Marcus Grande
Calw, Deutschland

ISBN 978-3-658-06434-1   ISBN 978-3-658-06435-8 (eBook)
DOI 10.1007/978-3-658-06435-8

Die Deutsche Nationalbibliothek verzeichnet diese Publikation in der Deutschen Nationalbibliografie; detaillierte bibliografische Daten sind im Internet über http://dnb.d-nb.de abrufbar.

Springer Vieweg
© Springer Fachmedien Wiesbaden 2011, 2014

Gedruckt auf säurefreiem und chlorfrei gebleichtem Papier

Springer Vieweg ist eine Marke von Springer DE. Springer DE ist Teil der Fachverlagsgruppe Springer Science+Business Media.
www.springer-vieweg.de

Inhaltsverzeichnis

Vorwort

Liebe Leserinnen und Leser,

Das Buch mit dem Titel „*100 Minuten für Anforderungsmanagement*" ist aus der Motivation entstanden, ein Werk zur Verfügung zu stellen, das Ihnen in kompakter Form und damit effektiv einen Gesamteindruck für die notwendigen Inhalte und Tätigkeiten im Anforderungsmanagement vermittelt.

Wenn Sie ganz neu in dieses Thema einsteigen und sich beispielsweise aus privaten oder beruflichen Gründen einen Überblick über das Anforderungsmanagement und seine Inhalte verschaffen möchten, wird Ihnen dieses Buch sehr nützlich sein.

Haben Sie dann die Notwendigkeit zur Vertiefung, finden Sie dazu im Kapitel Weiterführende Informationen ergänzende Hinweise zu den einzelnen Themen der Buchkapitel.

In der zweiten Auflage habe ich den speziellen Anforderungsmanagement-Werkzeugen ein eigenes Kapitel gewidmet.

Bedanken möchte ich mich bei meinen Arbeitgebern für die vielen Möglichkeiten Anforderungsmanagement zu leben und zu lehren, bei meinen Kolleginnen und Kollegen sowie allen Kunden für das Verständnis oder konstruktive Unverständnis bei der Umsetzung der verschiedenen Bereiche im Anforderungsmanagement. Weiterhin bedanke ich mich bei dem International Requirements Engineering Board IREB e.V., den vielen Autoren des Lehrplans zum Certified Professional for Requirements Engineering CPRE, den Lektoren und Ansprechpartnern des Verlags und meiner Familie inklusive unserer lieben Katze.

Ganz besonders möchte ich mich bei meiner Frau Sibylle Horger-Thies und unserem Sohn Daniel Thies für das Korrekturlesen und die seelische, moralische und die kulinarische Unterstützung bedanken.

Calw, im Mai 2014   Marcus Grande

1 Hinweise zur Verwendung des Buchs

Bevor wir zusammen auf die Anforderungsreise gehen, möchte ich Ihnen Hinweise zur Verwendung des Buchs geben. Mit diesem Buch bekommen Sie ein Hilfsmittel zur Hand, das Ihnen mit wenig Zeitaufwand und in kompakter Form einen Einblick zum Thema Anforderungsmanagement ermöglicht. Sie werden die Tätigkeiten und die wichtigsten Prinzipien und Vorgehensweisen kennen lernen.

Ich habe bewusst auf eine Zusammenfassung am Ende eines jeden Kapitels verzichtet, weil die Kapitel selbst in sich schon sehr kompakt sind. Für ganz Eilige gibt es die grau hinterlegten Merksätze, die das Wesentliche der entsprechenden Kapitel noch einmal zusammenfassen.

Wie schon im Vorwort angemerkt, finden Sie im Kapitel Weiterführende Informationen Hinweise zur Vertiefung der für Sie interessanten Themen.

1.1 Kurzbeschreibung zum Thema

In der Produkt-, System- und Softwareentwicklung spielt der professionelle Umgang mit Anforderungen eine entscheidende Rolle für den Erfolg der gesamten Entwicklung und für das entstehende Produkt. Anforderungen sind im weitesten Sinne Definitionen dessen, was Sie und andere genau haben möchten. Das Anforderungsmanagement beschreibt die Tätigkeiten und Methoden, mit denen Sie mit den Anforderungen umgehen werden.

Es gibt einen offiziellen Lehrplan, auf dessen Basis Ausbildungsseminare verschiedener Anbieter und auch eine Prüfung angeboten werden. Neben meinen Praxiserfahrungen habe ich diesen Lehrplan des International Requirements Engineering Board e.V. (IREB) als zusätzliche Informationsquelle für die spannenden Themen im Anforderungsmanagement verwendet. Die auf dem Lehrplan basierende Ausbildung und Prüfung ist der Certified Professional for Requirements Engineering (CPRE).

1.2 Informationen zur Struktur des Buchs

Der Aufbau des Buchs ist so gestaltet, dass Sie die Schritte im Anforderungsmanagement von den Anfängen der Ermittlung der Anforderungen über die Anforderungsspezifikation bis hin zur Pflege und Verwaltung der Anforderungen chronologisch kennen lernen werden. Es wird vier Haupttätigkeiten im Anforderungsmanagement geben. Im Verlauf dieser Schritte werden in zusätzlichen Kapiteln weitere Themen beschrieben, die für die Arbeit und das Verständnis wichtig sind: Das sind Werkzeuge, Versions- und Konfigurationsmanagement, allgemeine Strukturen sowie Vorgehens- und Reifegradmodelle. Abschließend werden Sie zwei Praxisbeispiele finden, in denen die Abläufe im Anforderungsmanagement noch einmal exemplarisch umgesetzt und beschrieben werden.

Am Anfang werden Sie kennen lernen, was genau Anforderungen sind und warum sie benötigt werden. Danach wird die Frage beantwortet, was genau Anforderungsmanagement ist, welche Tätigkeiten darin notwendig sind und wie Sie unzureichendes Anforderungsmanagement erkennen können.

Sie erfahren, wie Sie Anforderungsmanagement beginnen: Welche Strukturen sind notwendig, welche Personen mit welchen Fähigkeiten sollten Anforderungsmanagement umsetzen.

Um professionell Anforderungsmanagement umzusetzen, benötigen Sie Unterstützung in Form von Programmen. Es werden die Vorteile dieser Werkzeuge beschrieben und Tipps zur Auswahl gegeben. Sie werden auch „Standard-Werkzeuge" wie zum Beispiel die Textverarbeitung oder die Tabellenkalkulation und damit erstellte Vorlagen als Unterstützung kennen lernen.

Anschließend werden Sie sich Informationen zu verschiedenen Anforderungsarten (z.B. funktionale Anforderungen) und Attributen von Anforderungen aneignen. Attribute beinhalten wichtige Informationen, die unter anderem zur Verwaltung der Anforderungen notwendig sind.

Danach werden Methoden und Techniken beschrieben, wie Sie Anforderungen finden und ermitteln (Haupttätigkeit 1 im Anforderungsmanagement).

Zur Dokumentation der Anforderungen (Haupttätigkeit 2) bekommen Sie Hinweise zur Formulierung von Anforderungen in Form von Regeln und Bauplänen. Als Beispiel wird in diesem Kapitel eine Dokumentenvorlage vorgestellt.

Sie erfahren, wie Anforderungen und die Spezifikationen abgestimmt, geprüft und qualitativ abgesichert werden (Haupttätigkeit 3).

Als Grundlagen für die Produktentwicklung, die Pflege und die Verwaltung von Anforderungen (Haupttätigkeit 4) bekommen Sie wichtige Informationen zur Nachverfolgbarkeit. Sie erfahren, wie eine Vorlage (Anforderungs-Nachverfolgbarkeits-Matrix) dazu aussehen kann. Weiterhin erhalten Sie grundlegende Informationen zu Versionen und dem Konfigurationsmanagement.

Danach beschreibt ein Kapitel die Tätigkeiten zur Pflege und Verwaltung von Anforderungen. Das wird die Dokumente beziehungsweise die Anforderungs-Datenbasis betreffen.

In den Kapiteln über Vorgehens- und Reifemodelle werden zwei wichtige Überbegriffe für Kategorien von unterschiedlichen Modellen beschrieben, die für eine Produktentwicklung und den Kontext zum Anforderungsmanagement wichtig sind. Vorgehensmodelle beschreiben grundlegend Prozessabläufe, Reifegradmodelle bewerten die Qualität von Prozessen.

Die beiden Beispiele im letzten Kapitel – das eine mit technischem und das andere mit nicht-technischem Hintergrund – zeigen jeweils abschließend die Durchführung der vier Haupttätigkeiten des Anforderungsmanagements in der Praxis.

1.3 Erklärung der verwendeten Begriffe

In diesem Buch werden bestimmte Begriffe verwendet. Das sind zum einen von mir verwendete Überbegriffe (z.B. Organisation) und zum anderen Begriffe aus dem Kontext zum Anforderungsmanagement. Die wichtigsten Begriffe sind hier entsprechend erläutert.

Anforderungsmanagement, AM

Unter Anforderungsmanagement sollen im Kontext dieses Buchs die zwei Bereiche: Anforderungs-Entwicklung (Requirements Development) und Anforderungs-Management (Requirements Management) verstanden werden. Die vier Tätigkeiten des Anforderungsmanagements sind: Anforderungen ermitteln, dokumentieren, abstimmen und verwalten.

Organisation

Der Begriff Organisation betrifft sehr viele Konstellationen. Das können Einzelpersonen, Kleingruppen, Firmen, Unternehmen, freiberufliche Tätigkeiten, beraterische Tätigkeiten, Arbeiten im Angestelltenverhältnis und viele mehr sein. Es hängt von Ihrem persönlichen oder beruflichem Produktentwicklungsumfeld ab, welche Konstellation für Sie zutreffend ist.

Produkt, System, Projekt, das Enstehende, Entwicklung, Produktentwicklung

Die Bereiche, in denen AM umgesetzt wird, können sehr umfangreich und unterschiedlich sein. Es werden ganz allgemein Systeme entwickelt, Projekte durchgeführt und es entstehen Produkte. Es mag sein, dass AM im Bereich der Softwareentwicklung führend eingesetzt wird. Um jedoch das zu Entstehende nachvollziehbar und professionell umsetzen zu können, muss AM in fast allen anderen Bereiche wie Hardware, Mechanik, Konstruktion, Qualität und in weiteren Bereichen ebenfalls Anwendung finden.

Wenn ich in diesem Buch den Begriff Produkt verwende, sind damit Produkte und Entwicklungen (fast) jeder Art gemeint. Die Entscheidung und der Fokus, was es denn letztendlich sein soll, liegt hier ganz bei Ihrem Fokus oder dem Ihrer Organisation. Ich habe mich für Produkt als Oberbegriff entschieden, da es für mich begrifflich den größten Umfang an den beteiligten Bereichen hat. Ein System oder Projekt kann diesen Umfang auch haben, betroffen sind aber in der Praxis oft nur Teilbereiche vom ganzen Produkt.

Mitarbeiter, Mitarbeiterinnen

Wenn ich im Text den eingeschlechtlichen Begriff Mitarbeiter verwende, ist damit immer auch die Mitarbeiterin gemeint.

2 Anforderungsmanagement?

2.1 Was sind Anforderungen?

Anforderungen beschreiben Eigenschaften, Funktionalitäten und Qualitäten an ein Produkt. Im täglichen Leben und selbst dann, wenn es keinen wirklichen technischen Hintergrund dafür gibt, werden Sie auch mit Anforderungen zu tun haben. Denken Sie dabei an Ihre Anforderungen bei folgenden Tätigkeiten: Einkaufen von Lebensmitteln, Auswahl von Möbeln, Wahl eines neuen Autos, dem Erwerb einer Wohnung oder dem Bau eines Hauses. Wahrscheinlich werden Sie Ihre Wünsche und Ziele nicht immer als Anforderungen aufschreiben. Das Nachdenken darüber wird schon ein Schritt hin zur ersten Haupttätigkeit im AM sein, dem Finden von Anforderungen.

Die Gesamtheit aller Anforderungen muss dazu führen, dass ein Produkt mit den gewünschten Funktionalitäten und der gewünschten Qualität entsteht.

Merksatz 2-1

Anforderungen beschreiben Eigenschaften, Funktionalitäten und Qualitäten, die ein Produkt bekommen soll.

2.2 Warum benötigen Sie Anforderungen?

Im normalen Alltag, sowohl im beruflichen als auch im privaten Bereich, werden Sie mit Anforderungen in Kontakt sein. Sie haben Anforderungen an Ihre Kollegen, an Ihre Zulieferer und an Ihren Partner.

In Ihrem Beruf werden Sie, selbst wenn Sie nicht im Bereich AM tätig oder involviert sind, in der Regel auch mit Anforderungen zu tun haben, nämlich mit denen, die Ihre Organisation an Sie hat. Die Anforderungen an Sie und Ihre Arbeit werden in Mitarbeitergesprächen formuliert und schriftlich dokumentiert. Damit wissen Ihr Vorgesetzter und Sie, welche

Ziele im einem bestimmten Zeitraum erreicht werden müssen. Damit wird Ihre Arbeit erst nachvollziehbar und messbar.

Wenn Sie die einzelnen Ziele als Anforderungen an das Produkt aufschreiben, haben Sie die Schritte von den Wünschen hin zu den Zielen schon festgelegt. Das müssen Sie als Funktionalitäten und Qualitäten des Produkts jetzt noch korrekt dokumentieren. Damit können Sie Wunsch und Wirklichkeit abgleichen, messen und zuletzt das Produkt genau so entwickeln und herstellen, wie es auch gewünscht und geplant wurde.

Merksatz 2-2

Anforderungen sorgen dafür, dass sowohl der Kunde als auch Ihre Organisation das Produkt bekommt, das sie wirklich wünschen und benötigen.

Hier soll noch angemerkt sein, dass die richtigen Anforderungen gemeint sind. Was das genau bedeutet, also welche Qualitäten die Anforderungen haben müssen und wie Sie das erreichen, erfahren Sie im Kapitel Qualitätssicherung der Anforderungen. Wenn Sie folgende Aussagen, die Erlebnissen aus der Praxis entnommen sind, für sich positiv formulieren, bekommen Sie sofort weitere Antworten auf die Frage, warum Sie Anforderungen benötigen.

„Die Anforderungen sind doch klar, Ihr wisst doch, was Ihr machen sollt, warum aufschreiben, kostet doch sowieso nur Zeit".

Merksatz 2-3

Erst mit schriftlich dokumentierten oder in elektronischer Form gespeicherten Anforderungen wissen Sie und andere, welche Anforderungen überhaupt an das Produkt gestellt werden.

„Wenn wir zu viele Anforderungen aufschreiben, müssen wir zu viel testen".

Merksatz 2-4

Die Anforderungen bilden die Basis für den Test. Erst mit dem Dokumentieren der Anforderungen und ihren Abnahmekriterien können Sie konkret die Inhalte der Anforderungen testen.

Die Anforderungen sind die Basis für (fast) alle weiteren Aktivitäten und Entwicklungsschritte. Die Basis ist vergleichbar mit dem Fundament und dem Keller eines Hauses. Wurde das Fundament nicht richtig gelegt, werden darauf folgende Schritte schwieriger oder zumindest sehr ineffizient bei der Umsetzung.

Merksatz 2-5

Anforderungen sind die Basis für (fast) alle weiteren Aktivitäten und Entwicklungsschritte bis zum endgültigen Produkt.

Beim AM geht es um die systematische Vorgehensweise, Anforderungen für ein Produkt zu erfassen und zu verwalten. Die vier Haupttätigkeiten werden sein: Anforderungen ermitteln, dokumentieren, abstimmen und verwalten. Ziel ist das Finden aller relevanten Anforderungen für die Entwicklung eines Produkts mit der Motivation, das Produkt effizient und möglichst ohne Fehler zu entwickeln. Unter AM sollen im Kontext dieses Buchs die zwei folgenden Bereiche verstanden werden:

Anforderungs-Entwicklung (Requirements Development)
Anforderungs-Management (Requirements Management)

Die Tätigkeiten im AM sind:
- Ermitteln und Finden von Anforderungen
- Dokumentieren von Anforderungen
- Prüfen und Abstimmen von Anforderungen
- Validieren von Anforderungen
- Pflege und Verwaltung von Anforderungen
- Pflegen der Anforderungsdokumente / Anforderungs-Datenbasis
- Beurteilung von Risiken
- Arbeiten mit Werkzeugen für das Anforderungsmanagement

Weiterführend:
- Einführung von AM in der Organisation
- Auswahl von Werkzeugen für AM

Merksatz 2-6

Beim AM geht es darum, alle Tätigkeiten mit Bezug auf die Anforderungen und rund um die Anforderungen so durchzuführen, dass Produkte effizient und möglichst ohne Fehler entwickelt werden.

2.3 Anzeichen von unzureichendem Anforderungsmanagement

Anzeichen von unzureichendem AM können sein: benötigtes Wissen fehlt und ein gemeinsames Verständnis zwischen den Produktbeteiligten ist nicht aufgebaut. Das führt dann zu fehlenden oder unklaren Anforderungen. Weiterhin wird der geplante Zeitrahmen nicht eingehalten und Kosten werden teilweise erheblich überschritten.

Merksatz 2-7

Die Anzeichen von unzureichendem Anforderungsmanagement können fehlende oder unklare Anforderungen sein.

In der nächsten Abbildung sind die relativen Kosten für die Beseitigung eines Softwarefehlers dargestellt. Die benannten Phasen sind die Schritte der Entstehung eines Softwareprodukts von der Spezifikation (ein Dokument, welches die Anforderungen an das Produkt beschreibt) bis hin zur Wartung.

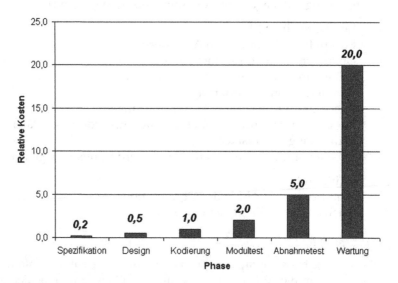

Abbildung 2-1: Relative Kosten für die Beseitigung eines Softwarefehlers
Quelle: Leffingwell und Widrig, 2000

Die Abbildung lässt erkennen, dass die Fehlerbehebungskosten in späteren Phasen wesentlich höher sind als in früheren. Die Phase der Kodierung wurde als relativer Phasenbezug willkürlich auf eins normiert.

Merksatz 2-8

Korrekturen in späteren Phasen der Produktwicklung sind aufwendiger durchzuführen als in früheren Phasen. Für die spätere Fehlerbehebung benötigen Sie mehr Zeit und es entstehen höhere Kosten.

Beispiel
Ein Beispiel für eine Fehlerbehebung in einer sehr späten Phase ist die so genannte Rückrufaktion. Sie ist mit enormen Kosten verbunden. Im Automobilbereich werden unter Umständen Tausende von Fahrzeugen in Werkstätten zurückgeholt, um den oder die Fehler für den Kunden kostenfrei zu beseitigen.

2.4 Folgen von unzureichendem Anforderungsmanagement

Durch unzureichendes oder fehlendes AM entstehen Produkte, die später Anforderungen leider nur teilweise, unzureichend oder überhaupt nicht erfüllen. Das führt zu einem Ergebnis, welches der Kunde oder die eigene Organisation so nicht erreichen wollte. Im Entstehungsverlauf werden die Missstände erst sehr spät bei der Abnahme organisationsintern oder durch den Kunden festgestellt. Die Folgen sind dann Unzufriedenheit, eine schlechte Qualität in den Entwicklungsergebnissen sowie überschrittene Kosten und erhöhte Entwicklungszeiten.

Durch unzureichendes AM leidet allgemein die Qualität der Produkte und die Zufriedenheit.

Merksatz 2-9

Die Folgen von unzureichendem AM sind fehlende oder falsche Anforderungen an das Produkt. Das führt zur Unzufriedenheit in Ihrer Organisation und beim Kunden. Im Weiteren führt das zu schlechter Produktqualität und zu erhöhtem Zeitaufwand und überschrittenen Kosten.

2.5   Haupttätigkeiten im Anforderungsmanagement

Die Abbildung zeigt Ihnen die vier Haupttätigkeiten im AM. Die Pfeile zeigen den Standardfluss vom Start bis zur Spezifikation. Die Tätigkeiten werden sich in der Praxis mehrmals wiederholen. Die Pflege und Verwaltung der Anforderungen findet dann kontinuierlich parallel zu den anderen Haupttätigkeiten statt.

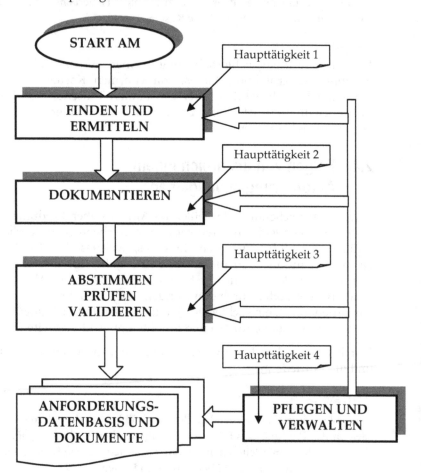

Abbildung 2-2: Haupttätigkeiten im Anforderungsmanagement

2.6   Gründe für Anforderungsmanagement

Es gibt einige Gründe, warum AM sehr viel Sinn macht. Ein Grund, der sehr oft auch als einer der wichtigsten genannt wird, ist die Tatsache, dass durch unzureichend durchgeführtes AM vor allem während der Anforderungsentwicklung ungefähr 55% der Fehler in dieser Phase in das Produkt hinein gebracht werden. Die folgende Grafik zeigt diesen Sachverhalt sehr eindrucksvoll.

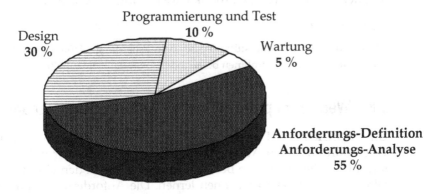

Abbildung 2-3: Eingeführte Software-Fehler in der Anforderungs-Entwicklung
Quelle: Koss, E.: Developing Reliable Space Flight Software, Las Vegas, Nevada.

Merksatz 2-10:

Professionelles AM unterstützt Sie dabei, möglichst wenig oder optimalerweise keine Fehler in der frühen Phase der Anforderungsermittlung in die Anforderungsspezifikationen und damit in das Produkt hinein zu bringen.

2.7   Ziele von Anforderungsmanagement

Ziele des AM müssen sein: Erlangen eines gemeinsamen Verständnisses für das zu entwickelnde Produkt. Die Wissenserhaltung und die Wiederverwendung von Anforderungen durch schriftliches Dokumentieren von Anforderungen. Das Abstimmen von Anforderungen, damit die „richtigen" Anforderungen gefunden werden. Herstellen der Nachverfolgbarkeit von Anforderungen, um die Qualität des Produkts abzusichern.

Merksatz 2-11

Ein Ziel des AM ist es, ein gemeinsames Verständnis des zu entwickelnden Produkts herzustellen und klare und vollständige Anforderungen zu finden.

Wie schon angedeutet, sind weitere Ziele des AM, die geplanten Zeiten und den Aufwand für die Produktentwicklung einzuhalten.

Merksatz 2-12

Professionelles AM unterstützt Sie bei dem Ziel, die geplanten Produktkosten und den geplanten Zeitrahmen besser oder sogar ganz einzuhalten.

2.8   Wege zum professionellen Anforderungsmanagement

Um die Ziele im AM zu erreichen, gibt es einige Methoden, Schritte und Wege dorthin. Einen Auszug daraus habe ich Ihnen hier in Merksätzen formuliert, die inhaltliche Bedeutung werden Sie in den einzelnen Kapiteln dann noch genauer kennen lernen. Die Anforderungen an Ihr Produkt müssen schriftlich festgehalten werden, damit das Wissen dazu jederzeit vorhanden ist und bei Bedarf für die nächste Produktentwicklung wieder verwendet werden kann.

Merksatz 2-13

Die Dokumentation der Anforderungen ist die Basis für den Wissenserhalt und für die Wiederverwendung von Anforderungen.

Die dokumentierten Anforderungen müssen bestimmten Qualitätskriterien genügen. Bei der Validierung der Anforderungen werden Kriterien wie zum Beispiel die Vollständigkeit und die Eindeutigkeit aller Anforderungen überprüft. Bei der Validierung überprüfen Sie Ihre Ergebnisse in Bezug auf die Anforderungen.

Die Erstellung der Nachverfolgbarkeit von Anforderungen ist beispielsweise notwendig für die Überprüfung, ob wirklich alle Anforderungen in einem bestimmten Produktstand umgesetzt sind. Sie ist damit eine Basis zur Qualitätssicherung für das Produkt. Die Nachverfolgbarkeit kann in zwei Richtungen hergestellt werden: aus welcher Quelle (z.B. Spezifi-

kationen) haben Sie eine Anforderung abgeleitet und in welchen Artefakten (z.B. Dokumenten, Programmcode) haben Sie die Anforderungen
umgesetzt.

Merksatz 2-14

Durch Herstellen der Nachverfolgbarkeit von Anforderungen schaffen Sie eine
Basis zur Sicherung der Qualität des Produkts.

Im persönlichen Dialog, Seminaren und Workshops habe ich schon oft
die Wünsche und Ziele der im AM Beteiligten und Verantwortlichen
angeregt diskutiert. Einer der, wie ich es gerne formuliere, Klassiker ist
die Aussage:

*„Wir dürfen keine Anforderungen vergessen; dass hat uns in der Vergan-
genheit schon viel Geld gekostet".*

Diese Aussage spricht für das Bewusstsein der Verantwortlichen und die
Wichtigkeit von AM. Bei der weiteren Diskussion, warum sie AM nicht
auch mit den bekannten Methoden so komplett umgesetzt haben, wurden mir als Hauptgründe hoher Zeitdruck und fehlende Ressourcen
genannt. Eine der Grundvoraussetzungen für den Weg zum professionellen AM sind die Ressourcen, die Sie dafür benötigen und klar
definierte Abläufe und Prozesse.

Die Praxis zeigt hier sehr oft, dass die Notwendigkeit für AM außer
Frage steht. Die Methoden und Wege zur Umsetzung, wie Mitarbeiter-
schulungen, Werkzeugauswahl und die Definition der notwendigen
Prozesse sind durchaus bekannt. Die großen Herausforderungen kommen meist nicht direkt aus dem AM, sondern werden durch andere
Randbedingungen – technische, strukturelle oder kaufmännische – vorgegeben. Diese Randbedingungen können dann die vom Kunden oder
der eigenen Organisation vorgegebenen Zeitrahmen und die Entwick-
lungskosten sein.

Zur Lösung dieser Herausforderungen müssen Sie ein gutes Risiko-
management umsetzen. Mit den vorgegebenen Randbedingungen (z.B.
Zeitrahmen, Kostenrahmen) erstellen Sie eine Liste mit den möglichen
Risiken und bewerten die Auftrittswahrscheinlichkeit der einzelnen Fak-
toren und die geschätzten Auswirkungen auf den Entwicklungserfolg.
Sie klären damit bewusst, wie viel AM Sie umsetzen müssen, um das

dabei bleibende Risiko (falsche oder fehlende Anforderungen) verträglich zu halten. Es ist nahezu unmöglich, alle Anforderungen zu finden und damit eine hundertprozentige Abdeckung der gewünschten Funktionalitäten und aller Abläufe herzustellen, die damit Ihr Produkt vollständig beschreiben würden.

Damit Sie die geplanten Zeiten einhalten, benötigen Sie:
- Gute Mitarbeiter, die aufgrund ihrer Erfahrung und ihres Wissens gute Projektplanung und auch eine reelle Abschätzung der Zeiten für die einzelnen Arbeitspakete machen.
- Die passende Anzahl an Mitarbeitern oder externe Unterstützung zur Abarbeitung aller Arbeitspakete.
- Mitarbeiter, die die Methoden des AM kennen und entsprechend umsetzen. Das werden die Anforderungsmanager (Requirements Engineers) sein.

2.9 Umgang mit skeptischen Mitarbeitern

Auf dem Weg zum professionellen AM kann es sein, dass Sie auf Mitarbeiter treffen, die Veränderungen und damit verbunden neuen Abläufen und Themenbereichen sehr skeptisch gegenüber stehen. Es wird Mitarbeiter geben, die schon mit Bereichen aus dem AM in Kontakt gekommen sind und auch umgesetzt haben, dabei aber aus verschiedensten Gründen keine ganz guten Erfahrungen gemacht haben. Ich habe Ihnen dazu einige Aussagen und deren Interpretation sowie Tipps zum Umgang mit der Situation aufgeschrieben:

„Ich bin doch hier Softwareentwickler und kein Autor".

Diese Aussage kann so interpretiert werden, dass der Softwareentwickler sich lieber auf seine Softwaretätigkeiten stürzen möchte, anstatt lange Anforderungen zu dokumentieren und sich mit Spezifikationen, Normen, Abläufen und Prozessen zu beschäftigen.

Ihre Organisation und die verantwortlichen Teamleiter können hier Teammitglieder benennen, auswählen und fortbilden, die AM Aufgaben durchführen (Anforderungsmanager) und dann auch im Gegenzug für den Softwarebereich Softwareentwickler benennen, die *nur* die Software schreiben, was im Fachjargon Kodieren genannt wird.

Versuchen Sie in Gesprächen zu fokussieren, dass AM für alle Entwickler eine große Chance ist, um einen sehr wichtigen Bereich der Entwicklung kennen zu lernen. Die Anforderungen, welche sich später im Bereich der Software dann auch als Softwarefunktionen wieder finden, werden aktiv mitgestaltet und formuliert. Diese Abstimmung erfolgt in Zusammenarbeit mit dem Kunden und den anderen Produktbeteiligten (Stakeholdern), was als Aufgabe ebenfalls sehr spannend ist.

„In der Vergangenheit haben wir so etwas Ähnliches schon gemacht, hat nicht viel gebracht und hält nur auf".

Diese Aussage lässt sich so interpretieren, dass damals die Einführung, die Abläufe und weitere Tätigkeiten mit Sicht auf das AM wohl nicht so optimal gelaufen sind. Sie sollten den entsprechenden Mitarbeitern die Ziele und die Motivation für AM noch einmal erklären und näher bringen. Stellen Sie die Vorteile des AM heraus. Es kann auch sein, dass die Menge an AM-Tätigkeiten ein Grund für diese Aussage war. Es wird beschlossen, auf einmal alles zu machen, wobei nicht immer alles in diesem Umfang sinnvoll ist. In Abhängigkeit von der Produktgröße und den Projektlaufzeiten können die Arbeitspakete und damit die Aufwände reduziert werden. Sie „specken ab" und nehmen hier ein so genanntes Tailoring vor, d.h. Sie lassen bewusst überladene Arbeitspakete weg und setzen nur das Notwendigste um.

Abschließend kann ich aus meiner Erfahrung sagen, dass es immer eine gute Lösung für die Herausforderung „skeptische Mitarbeiter" gibt: Kommunizieren Sie vernünftig mit den Mitarbeitern. Machen Sie Ihnen die Ziele der Organisation und die Notwendigkeiten für Prozesse und Werkzeuge klar. Investieren Sie die notwendige Zeit und auch die Geduld dafür in Ihre Mitarbeiter. Damit zeigen Sie ehrliches Interesse und Wertschätzung gegenüber Ihren Mitarbeitern. Die Einführung und das gemeinsame Arbeiten in allen Bereichen des AM wird dann kaum mehr zu unlösbaren Herausforderungen führen.

Die Abbildung zeigt noch einmal übersichtlich die wichtigsten Ziele von AM und die Methoden hin zum professionellen AM.

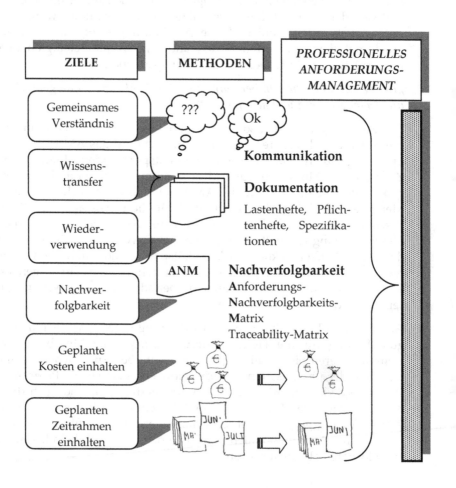

Abbildung 2-4: Ziele und Methoden zum professionellen AM

3 Wie beginnen Sie Anforderungsmanagement?

Das AM startet mit dem Finden von Anforderungen. Am Anfang entstehen dazu die Ideen zu einem Produkt oft in den Köpfen von Einzelnen oder Gruppen, die sich u.a. bei Besprechungen und Telefonkonferenzen austauschen. Damit Sie die richtigen Anforderungen ermitteln können, müssen Sie sowohl die „richtigen" Personen finden als auch „klar" kommunizieren. Bei der Ablage und Dokumentation der Anforderungen benötigen Sie vorher festgelegte Strukturen. Für die Abläufe und Tätigkeiten werden Vorgaben unerlässlich sein.

3.1 Strukturen und Vorgaben

Gut durchdachte Strukturen und Vorgaben bezüglich Abläufen, Prozessen, der Dateiablage und eine gute Strukturierung in Dokumenten sind für die ganze Produktentwicklung zwingend notwendig, um effektiv und sinnvoll arbeiten zu können.

Merksatz 3-1

Festgelegte Strukturen für die Dateiablage und für Inhalte in Dokumenten sind für das AM und zur Erreichung qualitativ hochwertiger Produkte wichtig.

Im Projektalltag und im allgemeinen Leben ist es oft so, dass das Thema Struktur nicht jedem liegt. Hier empfehle ich Ihnen, suchen Sie in Ihrer Organisation nach Personen, die sich gerne mit Überlegungen und Lösungen zur Strukturierung und Ablage beschäftigen.

Beim Arbeiten mit den AM-Werkzeugen und den Einfach-Werkzeugen sind eine gute Struktur und eine saubere Arbeitsweise ebenfalls wichtig. Wenn Sie hier weniger strukturiert vorgehen und inkonsequent arbeiten, erzeugen Sie schnell ungünstige Strukturen und verschlüsselte Anforderungen. Das bedeutet, Anforderungen werden nicht mehr einfach über Logik oder Zugehörigkeit gefunden. Sie wissen nicht mehr, wo welche Anforderung strukturell und funktional hinkommen soll und das ganze Gebilde Anforderungen wird undurchsichtig und damit auch zu komplex im Verständnis und in der Handhabung. Darunter wird die Qualität Ihres Produkts leiden.

Zur Unterstützung von Strukturen, Abläufen und Prozessen gibt es so genannte Vorgehensmodelle und Reifegradmodelle. Zwei Kapitel in diesem Buch werden Ihnen dazu nähere Informationen vermitteln.

3.2 Wahl der Stakeholder

Die Stakeholder sind sehr wichtige Personen. Stakeholder sind alle diejenigen, die an der Produktentwicklung beteiligt und im Kontext von AM wichtige Anforderungsgeber sind. Es können Personen aus vielen Bereichen der Organisation sein wie Geschäftsführer, Mitarbeiter aus dem Vertrieb, der Produktion und Entwickler aus allen beteiligten Entwicklungsbereichen sowie Personen aus dem Qualitätsbereich.

Merksatz 3-2

Stakeholder sind alle Personen, die etwas Sinnvolles zum Produkt und den Anforderungen an das Produkt beitragen.

Die richtige Auswahl dieser Personen und ihrer Rollen im AM tragen sehr zum Erfolg der Anforderungsermittlung bei. Die in der Praxis oft als Ziel des AM genannte Aussage *„Wir dürfen keine Anforderungen vergessen"* hat initial mit der korrekten Auswahl der richtigen Stakeholder zu tun. Haben Sie am Anfang einen wichtigen Stakeholder nicht berücksichtigt, ist das oft der Grund für falsche oder vergessene Anforderungen. Diese Tatsache führt dann zu falsch oder nicht umgesetzten Eigenschaften, Funktionen und fehlenden Qualitätsmerkmalen im Produkt.

Merksatz 3-3

Wichtige Stakeholder dürfen nicht übersehen oder vergessen werden. Sie sind wichtige „Lieferanten" für die Anforderungen.

In der Praxis kann es eine Herausforderung sein, alle relevanten Stakeholder zusammen zu bekommen. Es ist wichtig – zumindest am Anfang – alle Stakeholder für das Vorhaben einmal am Tisch zu haben. Sie müssen miteinander sprechen, diskutieren und das Produkt von den unterschiedlichsten Seiten betrachten.

Für die weitere Produktentwicklung im Bereich Anforderungsermittlung und Anforderungsabstimmung müssen Sie dann einen ausgewählten Stakeholder benennen, der die Anforderungen aus seinem Fachbereich als Repräsentant ermittelt und für Sie damit als erster Ansprechpartner zur Verfügung steht.

Merksatz 3-4

Benennen Sie aus den Fachabteilungen mindestens je einen ausgewählten Stakeholder. Diese Stakeholder sind dann als Repräsentanten die entsprechenden Anforderungsgeber.

3.3 Kommunikation

Bei der Umsetzung im Produktleben ergibt eine fehlende oder falsche Kommunikation fehlende oder falsche Anforderungen. Diese führen dann im Verlauf der Produktentwicklung zu Qualitätseinbußen und Qualitätsproblemen. Bei der Aufarbeitung (Korrektur) wird Mehrarbeit notwendig werden und es entstehen zusätzliche Kosten. Nicht zuletzt führt das zur Unzufriedenheit und zum Ärger bei den Betroffenen.

Merksatz 3-5

Optimale Kommunikation mit den Stakeholdern und allen Beteiligten bei der Produktentwicklung ist eine grundlegende Basis für qualitativ hochwertige Anforderungen.

3.4 Anforderungen dokumentieren

Anforderungen müssen dokumentiert werden.

Merksatz 3-6

Anforderungen müssen schriftlich dokumentiert und gespeichert werden. Das kann in einem oder mehreren Dokumenten oder einer Anforderungs-Datenbank erfolgen.

Laut *IEEE Std 610.12-1990 (3) Definition* ist eine Anforderung nur dann eine Anforderung, wenn sie schriftlich niedergelegt ist. Dort heißt es: „... eine dokumentierte Repräsentation einer Bedingung oder Fähigkeit von ...". Abgesehen von dieser Definition kann man nur dann Wissen wirklich transparent machen, wenn es aufgeschrieben ist.

Merksatz 3-7

Wenn Sie Anforderungen schriftlich dokumentieren, wird das Wissen transparent gemacht und dient damit als Basis zur Bildung eines gemeinsamen Verständnisses unter allen Stakeholdern.

Das Wissen ist damit jederzeit verfügbar. Bei Urlaub, Krankheit oder sonstigen Gründen für die Abwesenheit von Mitarbeitern können andere darauf zugreifen und das Produkt und seine Entwicklung weiterführen.

Fehlt diese Dokumentation, ist die Weiterführung der Produktentwicklung kaum effektiv und effizient weiter zu erledigen.

3.5 Anmerkungen zum Aufschreiben und Beginnen

Mir ist bewusst, dass Ihnen beim Thema Aufschreiben noch Methoden zum Vorgehen und Durchführen fehlen. Einige Fragen werde ich Ihnen später noch beantworten: Wie wird genau aufgeschrieben? Sollen Sie mit einer einfachen Vorlage arbeiten? Sollen Sie mit einem professionellen AM-Werkzeug (spezielles AM-Computerprogramm) arbeiten? Wie formulieren Sie überhaupt Anforderungen? Wo und wie müssen Sie die Artefakte (z.B. Spezifikationen) ablegen? Welche Vorgaben und Abläufe müssen Sie dabei beachten und durchführen?

Bei kleinen Projekten, nehmen wir als Hausnummer einhundert Anforderungen und wenn Mitarbeiter noch wenig bis keine Erfahrung im Umgang mit AM haben, erreichen Sie schon sehr viel mit der einfachen Vorlage eines Textverarbeitungs- oder eines Tabellenkalkulationsprogramms. Im Kapitel Die Anforderungsdokumentation werden Sie eine entsprechende Vorlage kennen lernen.

Weitere Elemente zur Unterstützung finden Sie im Kapitel Versions- und Konfigurationsmanagement (KM). Für die Umsetzung gibt es spezielle Programme. Diese Konfigurationsmanagement-Werkzeuge sind Programme, welche Sie bei folgenden KM typischen Tätigkeiten unterstützen: der Bezeichnung eines Produktstands und der Erzeugung einer lückenlosen Versionshistorie. Damit können Sie zu jedem beliebigen Zeitpunkt eine Momentaufnahme der Anforderungen und seiner zugehörigen Artefakte erstellen. Dieses Vorgehen und die Kombination beider Bereiche ist sehr zu empfehlen.

Mit Unterstützung dieser Werkzeuge können Sie sehr schnell in die AM-Materie einsteigen und – was ganz wichtig ist – Sie lernen die Disziplin, die Methoden und Vorgänge des AM durch aktives Leben selbst kennen.

Merksatz 3-8

Sie müssen die verschiedenen Disziplinen im AM sehr schnell in der Produktentwicklung beginnen und dann auch selbst leben und erleben.

Nach dieser „Einstiegsphase" mit Standard Anwendungsprogrammen sollten Sie professionelle AM Werkzeuge verwenden. Vor allem bei mittleren bis größeren Projekten mit mehreren Hundert bis Tausend Anforderungen wird dieser Schritt unerlässlich sein.

Tipp zum Werkzeug-Übergang

Wenn die mit einer Textverarbeitung erstellten Vorlagen (Kapitel Anforderungsdokumentation) entsprechend formatiert sind, können Sie die Anforderungen daraus später in ein professionelles AM-Werkzeug übernehmen. Diese Formatierung sieht so aus, dass die Attribute der Anforderungen (Attribute sind Zusatzinformationen für jede Anforderung: z.B. Identifikation, Name, Beschreibung, Umsetzungsstatus) unterschiedliche Überschriften-Formatierungen bekommen. Durch eine einfache Konfigurierung des Werkzeuges werden dann beim Einlesen der Inhalte aus der Vorlage (Werkzeugfunktion Import) direkt die entsprechenden Informationen passend in das Werkzeug (Anforderungs-Datenbank) importiert und können korrekt zugeordnet werden.

Wenn Sie mit AM-Einfach, wie ich es gerne nenne, beginnen und das AM selbst leben und sehen, welche Vorteile das mit sich bringt, werden Sie bei weiteren Produktentwicklungen nicht mehr auf eine andere Art arbeiten wollen. Unter AM-Einfach verstehe ich vereinfachte Abläufe, Vorgänge und die Werkzeugverwendung mit dem Ziel, sehr schnell in der Produktentwicklung mit dem Wichtigsten aus dem AM zu beginnen.

3.6   Anforderungsmanagement in der Organisation

Ich bin bis jetzt mit Ihnen davon ausgegangen, dass Sie in Ihrer Organisation schon mit allen Dingen ausgerüstet sind, um AM anwenden zu können.

Das sind Ihre kompletten Kenntnisse für die Inhalte von AM, die Sie sich selbst und durch Schulungen angeeignet haben. Sie verwenden vorhandene Vorlagen zur Dokumentation der Anforderungen oder arbeiten mit einem spezialisierten AM-Werkzeug. Sie arbeiten nach schriftlichen Vorgaben und Richtlinien, die Ihre Organisation in Form von Abläufen, Tätigkeiten und Rollen für die Arbeit mit AM definiert und dokumentiert hat. Wie gehen Sie jedoch vor, wenn Sie noch kein spezialisiertes AM-Werkzeug ausgewählt haben?

3.7   Werkzeuge

Wenn Sie AM in Ihrer Organisation etablieren, dann stellt sich schnell die Frage nach einer Werkzeug-Unterstützung. Es sind hier Werkzeuge in Form von Programmen gemeint, die Sie bei der täglichen Arbeit mit AM unterstützen.

Dabei sollten Sie vor der Einführung des Werkzeugs Ziele und Anforderungen an das Werkzeug besprechen und definieren. Der Umgang mit dem Werkzeug ist eine anspruchsvolle Tätigkeit. Die Werkzeuge bieten umfangreiche Funktionalitäten, die Sie bei den vielen Tätigkeiten im AM unterstützen. Zusätzlich benötigen Sie zumindest alle Basiskenntnisse des AM, um effizient mit dem Werkzeug umgehen zu können.

Abschließend müssen Sie beim Umgang mit den Werkzeugen noch folgendes berücksichtigen: Schulungen für Ihre Mitarbeiter und kontinuierlicher Pflegeaufwand des Werkzeuges wie z.B. Anlegen neuer Projekte, Konfigurierung und Einspielen von Programmaktualisierungen.

4 Wer macht Anforderungsmanagement?

Zur Durchführung der Tätigkeiten und Aufgaben im AM müssen bestimmte Personen definiert werden. Doch wer nimmt sich der Aufgaben an? Wer genau muss diese Tätigkeiten durchführen? Welche Qualitäten und welche Fähigkeiten müssen diese Personen besitzen?

4.1 Der Anforderungsmanager

Die Person, die von Berufs wegen die Aufgaben im AM wahrnimmt, ist der Anforderungsmanager (Requirements Engineer). Er ist der „zentrale Punkt" in der Produktentwicklung. Er ermittelt und dokumentiert die Anforderungen an das Produkt mit den Stakeholdern, er kommuniziert und moderiert, und er benötigt sowohl fachliche als auch methodische Kompetenzen.

Merksatz 4-1

Der Anforderungsmanager (Requirements Engineer) nimmt eine zentrale Rolle bei der Produktentwicklung ein.

4.2 Aufgaben des Anforderungsmanagers

Die Aufgaben eines Anforderungsmanagers sind:
- Anforderungen durch Gespräche und Interviews mit den verschiedenen Stakeholdern ermitteln
- Das gemeinsame Verständnis für das Produkt mit allen Stakeholdern herstellen
- Anforderungen formulieren und dokumentieren
- Anforderungen abstimmen
- Anforderungen validieren
- Anforderungen verwalten
- Sicherer Umgang mit dem AM-Werkzeug

4.3   Profil des Anforderungsmanagers

Um die Aufgaben im AM durchführen zu können, muss ein Anforderungsmanager folgendes Wissen besitzen und folgende Fähigkeiten haben:

- kommunikativ
- gutes technisches Verständnis
- sehr gute Kenntnisse in der Disziplin AM
- moderationsfähig
- konfliktlösungsfähig
- strukturiert
- durchsetzungsfähig
- teamfähig

Merksatz 4-2

Der Anforderungsmanager (Requirements Engineer) benötigt gute fachliche und methodische Kompetenzen.

4.4   Mögliche Anforderungsmanager

Die möglichen Kandidaten für die Rolle des Anforderungsmanagers können im Prinzip aus vielen Bereichen Ihrer Organisation kommen. Jeder Mitarbeiter, der das gerade beschriebene Profil hat oder sich aneignen wird, kann diese Aufgabe durchführen.

4.5   Stellenausschreibung Anforderungsmanager

Die Aufgaben und das Profil an einen Anforderungsmanager habe ich aus mehreren Stellenausschreibungen entnommen und Ihnen hier zusammengefasst aufgeschrieben.

Aufgabenbereich
- Sie legen den Grundstein für erfolgreiche Produkte
- Sie steuern und überwachen die Spezifikationen im Projekt und für das Produkt
- Sie erfassen die Anforderungen mit dem Kunden für komplexe Produkte
- Sie entwerfen und optimieren Prozesse

- Sie sind der Vermittler zwischen den Entwicklungsteams, den Fachbereichen und dem Kunden

Anforderungsprofil: Fähigkeiten und Wissen
- Abgeschlossenes Studium
- Mindestens drei Jahre Berufserfahrung in den Bereichen als Entwickler, Tester oder Software-Architekt
- Erfahrungen mit UML
- Erfahrungen im Aufbau und Führen von Teams
- Grundkenntnisse in Systemen wie IEC61508, CMMI, SPICE
- Gute Kenntnisse im Bereich Software Entwicklung und Werkzeuge
- Berufserfahrungen mit AM-Werkzeugen wie z.b. DOORS
- Teamfähig
- Kenntnisse in Interview-Techniken
- Fähigkeiten im Zuhören und Verstehen, was Leute sagen und was sie genau damit meinen
- Kenntnisse von Produktmanagement-Konzepten
- Analytische und lösungsorientierte Arbeitsweise
- Kenntnisse in Deutsch und Englisch (Fremdsprachenkenntnisse)
- Reisebereitschaft (Flexibilität)

5 Werkzeuge

Ich habe mich hier bewusst dazu entschieden, schon in diesem frühen Kapitel das Thema Werkzeuge für AM anzugehen, da die Frage nach der Dokumentation und Speicherung der Anforderungen im Verlauf von AM auch sehr früh gestellt wird. Spätestens dann, wenn Gespräche geführt wurden und die Ergebnisse festgehalten werden müssen, kommt die Frage nach dem *„Wie denn genau?"*.

Um das AM und seine Tätigkeiten Erfassen und Dokumentieren, Versionieren und Verwalten sowie die Nachverfolgbarkeit von Anforderungen sinnvoll umsetzen zu können, sind spezialisierte AM-Werkzeuge sehr hilfreich. Ab bestimmten Projektgrößen und Produktumfängen, was oft gleichbedeutend ist mit vielen Anforderungen, sind sie sogar unerlässlich.

5.1 Einfach-Werkzeuge

Mit Einfach-Werkzeugen sind Programme gemeint, die keine expliziten AM Werkzeuge sind, sondern Standardprogramme wie die Textverarbeitung und die Tabellenkalkulation.

Vorteile der Einfach-Werkzeuge
Ein Vorteil der Einfach-Werkzeuge ist der, dass sie als Programminstallationen zu einem Großteil schon auf den Arbeitsrechnern verfügbar und damit sofort verwendbar sind. Der Umgang mit diesen Programmen wird zudem im Berufsleben vorausgesetzt und soll damit als Anwenderwissen bekannt sein.

Mit einfachen Vorlagen können Sie die Anforderungen und deren Nachverfolgbarkeit dokumentieren. Im Kapitel zur Nachverfolgbarkeit werden Sie dazu zwei Vorlagen näher kennen lernen. Nachverfolgbarkeit bedeutet, Verknüpfungen von Ihren Anforderungen zu den Quellen (z.B. Spezifikationen) und zu den Zielen (entstehende Artefakte) herzustellen.

Einen weiteren sehr großen Vorteil mit den Einfach-Werkzeugen haben Sie im Bereich der Akzeptanz und des Erlernens der Methoden zum AM. Sie können Personen und Teams sehr schnell an das AM heranführen

und das AM leben lassen, da längere und umfangreiche Mitarbeiter-
schulungen zum Werkzeug in aller Regel ganz entfallen können.

Merksatz 5-1

Einfach-Werkzeuge wie die Textverarbeitung und die Tabellenkalkulation sind
fast überall Standardinstallationen und können für die Basistätigkeiten im AM
sofort eingesetzt werden.

Merksatz 5-2

Mit Einfach-Werkzeugen können Sie Personen sehr schnell an das AM heranführen. Die Schulungen für den Umgang mit diesen Programmen können in
aller Regel entfallen, da das Wissen oft schon vorhanden ist.

Sie können dieses Erleben initial mit einem kleineren Projekt oder durch
Delegation der Umsetzung einer bestimmten Funktionalität für Ihr
Produkt anstoßen. Im Kapitel Praxisbeispiel Spannungsüberwachung
finden Sie dazu einen Denkanstoß.

Bei größeren Projekten mit einer Vielzahl von Anforderungen kommen
diese Werkzeuge jedoch an ihre Grenzen: Die Verwaltung der Anforderungen und die Umsetzung der Nachverfolgbarkeit können nicht mehr
vernünftig und effizient umgesetzt werden.

Neben den gerade genannten Einfach-Programmen haben Sie noch die
Option, für die Dokumentation von Anforderungen Datenbank-
Programme zu verwenden. Damit können Sie auf einfache Weise Sichten
auf Anforderungen und Filteroperationen (z.B. alle Anforderungen, die
schon umgesetzt sind) realisieren. Selbst geschriebene Oberflächen erlau-
ben Ihnen den Zugriff auf die dahinter liegende Datenbank und die
Anforderungen.

5.2 Spezialisierte Anforderungswerkzeuge

Mit spezialisierten AM Werkzeugen sind Progamme gemeint, die für das AM entwickelt wurden. Sie bieten beispielsweise eine grundlegende Unterstützung zur Verwaltung der Anforderungen und zur Analyse.

Vorteile der spezialisierten Werkzeuge
Die Werkzeuge bieten unter anderem eine automatische Vergabe der Identifikationsnummern für die Anforderungen und unterstützen Sie bei der Erstellung der Nachverfolgbarkeit, indem Sie Links zu anderen Anforderungen, Anforderungsgruppen und Testfällen erstellen können. Im Bereich der Nachverfolgbarkeit bietet die so genannte Nachverfolgbarkeitsmatrix eine Sicht innerhalb des Werkzeugs auf die Verbindungen zwischen den Anforderungen.

Weiterhin ist es in den Werkzeugen möglich, eine Einfluss-Analyse (Impact Analyse) durchzuführen. Durch die Einfluss-Analyse werden die Einflüsse von Änderungen an eine Anforderung auf andere davon abhängige Anforderungen angezeigt.

Merksatz 5-3

Spezialisierte Werkzeuge unterstützen Sie mit Standardfunktionalitäten bei der Verwaltung von Anforderungen: Automatische Vergabe der Identifikation, Darstellung unterschiedlicher Sichten auf die Anforderungen, Filteroperationen und Analysen (z.B. der Einfluss-Analyse).

Was können die Werkzeuge nicht?
Die Werkzeuge haben Ihre Stärken in den gerade beschriebenen Funktionalitäten. In den Bereichen Ermitteln, Prüfen, Abstimmen und Validieren können Sie die Werkzeuge nicht direkt unterstützen. Für diese Tätigkeiten brauchen Sie gute „menschliche" Fähigkeiten. Die Werkzeuge haben das in dieser ausgeprägten Form noch nicht.

Weitere Möglichkeiten und Funktionalitäten der spezialisierten Werkzeuge sind im nächsten Kapitel näher beschrieben.

6 Spezialisierte Werkzeuge

Spezialisierte Werkzeuge sind Werkzeuge, die speziell für die Aufgaben im Anforderungsmanagement entwickelt wurden. Auf dem Markt gibt es eine Vielzahl solcher Werkzeuge, die sehr viele und zudem komplexe Funktionalitäten unterstützen.

Die Beschreibung dazu habe ich sehr allgemein gehalten, da die Philosophien bestimmte Dinge gerade so umzusetzen, zum einen auf eine sehr bestimmte Art und Weise implementiert sind und zum anderen die eigene Arbeitsweise und die Anforderungen an das Werkzeug von Organisation zu Organisation sehr unterschiedlich sind.

6.1 Grundlagen

Grundsätzlich dienen die Werkzeuge zur Verwaltung der Anforderungen. Diese werden in der Regel atomar abgespeichert (zum Beispiel in einer Datenbank). Das hat den Vorteil, dass Anforderungen Attribute bekommen können, die Sie verlinken können und eine automatische Versionierung stattfinden kann. Prinzipiell werden Sie dabei zwei Aufgaben durchführen: Die Anforderungsermittlung und die Verwaltung der Aufgaben während ihres Produktlebenszyklus.

6.2 Übersicht über die Funktionalitäten

Zur Übersicht anbei eine Liste der möglichen Funktionalitäten, die Ihnen ein spezialisiertes Werkzeug in aller Regel im Bereich Anforderungsmanagement, das betrifft die beiden Bereiche Anforderungs-Entwicklung und Anforderungs-Management, als Anwender zur Verfügung stellen kann:

- Anforderungsermittlung
- Anforderungsanalyse
- Validierung der Spezifikation
- Nachverfolgbarkeit
- Einfluss-Analyse

- Wiederverwendung von Anforderungen
- Generierung von Reports
- Konfigurationsmanagement
- Import und Export von Anforderungen

Im Bereich der Administration der Werkzeuge werden folgende Funktionalitäten unterstützt:

- Anlegen von Repositories (Datenbanken)
- Anlegen von Projekten
- Einrichten von Anwendern und Anwendergruppen
- Einrichten und Verwalten von Zugriffsrechten
- Erzeugen und Verwalten von Baselines

6.3 Anwenderfunktionen

Lassen Sie uns aus der Sicht des Anwenders etwas detaillierter in die verschiedenen Funktionen schauen.

6.3.1 Anforderungsermittlung

Bei der Anforderungsermittlung erstellen und dokumentieren Sie mit Hilfe des Werkzeugs Ihre Anforderungen. Sie können neue Anforderungen hinzufügen, Anforderungen ändern oder Anforderungen als nicht mehr gültig kennzeichnen. Die Vergabe einer eindeutigen Identifikationsnummer und die Versionierung der Anforderungen wird vom Werkzeug erledigt. Die Attribute für jede einzelne Anforderung können Sie vergeben. Gängige Attribute sind der Anforderungsname, die Beschreibung und der Status der Anforderung. Eine Auswahl oder eine Konfigurierung aller möglichen Attribute kann in der Regel mit dem Werkzeug vorher konfiguriert werden.

Zur Ermittlung bieten die Werkzeuge unterschiedliche Sichten an. Dabei können Sie eine Textansicht auswählen und auf bestimmte Attribute oder Inhalte filtern oder sich Ihre Anforderungen hierarchisch darstellen lassen.

6.3.2 Datenbank

Viele Werkzeuge bieten zum Speichern der Anforderungen und der anderen Informationen (Nachverfolgbarkeitslinks, Testfälle oder sogar Designinformationen) eine eigene Datenbank oder eine Schnittstelle zu

bekannten Datenbanksystemen. Damit haben Sie als Anwender alle
Möglichkeiten, die Datenbanken anbieten: Sichten auf Anforderungen,
Filtern auf bestimmte Anforderungen und Ihrer Attribute, unterschiedliche Abfragen und die Wiederverwendung von Anforderungen. Ein
weiterer großer Vorteil von einem datenbankbasierten AM-Werkzeug ist
die Tatsache, dass mehrere Anwender gleichzeitig mit dem Werkzeug
arbeiten können. Somit ist das parallele Arbeiten im Team und an der
gleichen Anforderungsspezifikation möglich.

6.3.3 Arbeitsabläufe - Workflows

Arbeitsabläufe definieren feste Regeln für die Abarbeitung oder Ände-
rungsmöglichkeiten einer Anforderung beziehungsweise ihrer Attribute.
Diese Abläufe werden im Werkzeug konfiguriert und eingerichtet (Administration) und stehen dann dem Anwender zur Verfügung.

Wenn Sie dazu das Attribut Status einer Anforderung betrachten, können
beispielsweise mögliche Zustände sein: übermittelt (submitted), zugestimmt (agreed), implementiert (implemented) oder abgelehnt (rejected).
Jetzt können Sie die Abläufe festlegen und bestimmen, dass eine Anforderung im Zustand übermittelt nur direkt in die Zustände zugestimmt
oder abgelehnt überführt werden kann.

6.3.4 Import und Export

Um Anforderungen aus anderen Dokumentformaten – beispielsweise der
Textverarbeitung oder der Tabellenkalkulation – im Werkzeug verwenden zu können, bieten die Werkzeuge umfangreiche Import- und Export-
funktionalitäten an. Anforderungen sind so aus besagten Dateiformaten
wie der Tabellenkalkulation oder der Textverarbeitung einlesbar. Allerdings kann es vorkommen, dass dabei nicht immer alle Informationen
ausgetauscht werden, d.h. es gehen oft Informationen wie beispielsweise
die manuell erstellte Nachverfolgbarkeit verloren.

Um die Anforderungen oder Teile davon verlustfrei auszutauschen,
wurde ein Austauschformat für Anforderungen definiert, das RIF.

6.3.5 Das Anforderungs-Austausch-Format (RIF)

Das Anforderungs-Austausch-Format (englisch Requirements-Inter-
change-Format, kurz RIF oder ReqIF) ist ein standardisiertes XML-
Dateiformat, mit dem Anforderungen aus Werkzeugen unterschiedlicher

Hersteller verlustfrei ausgetauscht werden können. Verlustfrei bedeutet hier, dass sowohl die Datenstrukturen als auch die Inhalte in diesem Format beschrieben werden – wie angedeutet, können das die Textverarbeitungs- oder Tabellenkalkulationsformate so nicht leisten.

Die Abkürzung ReqIF wurde später als Kurzschreibweise eingeführt, um Verwechslungen mit dem Standard RIF (Rule Interchange Format) zu vermeiden.

Das ReqIF ist durch ein XML-Schema definiert, welches auf einem standardisierten Meta-Modell basiert. Damit enthalten die Austauschdaten sowohl die Daten selbst als auch die Datentypen. Somit sind die Anforderungen mit ihren Attributen (Datentypen inklusive Texten und Bildern) und ihren Beziehungen austauschbar.

6.3.6 Nachverfolgbarkeit

Bei den Anforderungen müssen Sie die Frage beantworten können, warum Sie welche Anforderungen ermittelt und formuliert haben oder welche Anforderungen untereinander abhängig sind. Eine einfach formulierte Anforderung aus der Kundenspezifikation kann zu sehr vielen Anforderungen für Ihr Produkt führen. Die Nachverfolgbarkeit muss Ihnen darüber Auskunft geben, aufgrund welcher Kundenanforderung Sie Ihre Anforderungen generiert haben. Dazu können Sie mit dem Werkzeug die Verbindungen zwischen den Anforderungen, Anforderungsgruppen oder Testfällen entsprechend erzeugen. Über die so genannte Traceabilitymatrix oder in graphischer Form zeigen die Werkzeuge die erzeugte Nachverfolgbarkeit an.

6.3.7 Einfluss-Analyse (Impact Analyse)

Eine Einfluss-Analyse zeigt Ihnen in textueller oder graphischer Form die Abhängigkeiten der Anforderungen (und auch der Testfälle, falls das vom Werkzeug unterstützt wird) untereinander an. Voraussetzung dafür ist eine zuvor korrekt erzeugte Nachverfolgbarkeit, das bedeutet korrekte Verbindungen (Traces) zwischen Anforderungen und Testfällen. Bei Änderungen können dann die Anzahl der zu überarbeitenden Anforderungen ermittelt und damit die notwendigen Umsetzungsaufwände besser abgeschätzt werden.

Merksatz 6-1

Eine wichtige Grundlage für die Einfluss-Analyse ist eine korrekte Traceability zu den abhängigen Anforderungen und Testfällen.

6.3.8 Generierung von Reports

Zur Darstellung von bestimmten Anforderungsgruppen, zur Anzeige der Nachverfolgbarkeit (Traceability-Matrix) oder zur Generierung einer Spezifikation für eine Ihrer Fachabteilungen können mit den Werkzeugen unterschiedlichste Reports in den verschiedensten Ausgabeformaten wie Textverarbeitung, Tabellenkalkulation oder in den Formaten html, xml und pdf erzeugt werden.

6.3.9 Sonstiges

Neben den gerade vorgestellten Funktionalitäten bieten manche Werkzeughersteller weit über die grundlegende AM-Unterstützung hinausgehende Funktionen. Das sind dann Werkzeuge, die den Namen Application-Lifecycle-Management-Tools (ALM) tragen. Hier werden neben der Anforderungsermittlung und -verwaltung Themen wie Änderungsmanagement, Releasemanagement, Buildmanagement oder Auditmanagement mit abgedeckt.

Es gibt zudem Werkzeuge, mit denen Sie zusätzlich Ihre Testfälle und das Design Ihrer Software darstellen und verwalten können. Im Bereich der Verifikation haben Sie so die Möglichkeit zu prüfen, ob wirklich alle Anforderungen durch Testfälle abgedeckt sind. Im Bereich des Designs können Sie auf Basis der UML Anwendungsfälle oder Sequenzdiagramme erstellen und mit Anforderungen in Beziehung setzen.

6.4   Administrationsfunktionen

Neben den Funktionen, die Sie als Anwender der Werkzeuge verwenden, gibt es im Bereich der Administration und Konfiguration der Werkzeuge noch eine Vielzahl an Möglichkeiten. Anbei ein Auszug der verschiedenen Bereiche.

6.4.1   Datenbank

Die Strukturen der Datenbank sind über Administrationswerkzeuge konfigurierbar. Somit können Sie Ihre AM-Umgebung an Ihre und an die Bedürfnisse der Organisation anpassen.

6.4.2   Projekte

Auf Basis der Datenbank können Sie für Ihre Entwicklungsprojekte jeweils einzelne Projekte erstellen, die alle Informationen aus Ihrer AM-Tätigkeit speichern.

6.4.3   Einrichten von Anwendern und Anwendergruppen

Aus Sicht der Entwicklung und der beteiligten Teams können Gruppen von Benutzern eingerichtet werden, die nur auf bestimmte Projekte oder auf Teile der Anforderungen zugreifen dürfen.

6.4.4   Einrichten und Verwalten von Zugriffsrechten

Meistens in Zusammenarbeit mit dem verwendeten Betriebssystem können Zugriffsrechte auf die Datenbank, die Projekte oder sogar auf Anforderungsgruppen und einzelne Anforderungen eingerichtet werden.

6.4.5   Erzeugen und Verwalten von Baselines

Die Baseline ist ein Begriff aus dem Konfigurationsmanagement. Sie ist eine Momentaufnahme Ihrer Anforderungen zu einem bestimmten Zeitpunkt. Sie repräsentiert den Inhalt und Zustand der darunter liegenden Datenbank. So können Sie beispielsweise nach einer Abstimmung der Anforderungen mit dem Kunden den aktuellen Stand festhalten und mit dem Werkzeug eine Baseline ziehen. Dabei vergeben Sie in der Regel einen Namen, mit dem Sie später den Anforderungsstand jederzeit wieder rekonstruieren können.

6.5 Hinweise zur Auswahl eines spezialisierten Werkzeugs

Basierend auf Ihren Anforderungen an das Werkzeug und den Zielen Ihrer Organisation sollten Sie sich letztendlich mit den Fachleuten Ihres ausgewählten Werkzeuganbieters abstimmen. Wenn Sie in Ihrer Firma ein Werkzeug auswählen, müssen Sie sich bei der Auswahl dazu selbst folgende Fragen beantworten:

- Welche Anforderungen haben Sie und Ihre Organisation an das Werkzeug?
- Wer genau soll mit dem Werkzeug arbeiten?
- Wie weit und wie tief ist schon AM-Wissen in der Organisation und bei den Mitarbeitern vorhanden?
- Wer kann und wer soll das Werkzeug administrieren und konfigurieren?
- Wie genau soll die Nachverfolgbarkeit von Anforderungen umgesetzt werden?
- Wie genau sollen die Testfälle aussehen, wie sollen sie verwaltet werden?
- Wie sollen Tätigkeiten des Konfigurationsmanagements mit dem Werkzeug in Einklang gebracht werden?
- Wie genau soll das Werkzeug ausprobiert werden, d.h. wie soll es evaluiert werden?
- Welche Planungsschritte sind zur Auswahl und Einführung notwendig?
- Welche Ressourcen für die Pilotierung und wie viele Ressourcen haben Sie später zur Verfügung?
- Wie sehen die Kundenlastenhefte aus, d.h. wie viel Aufwand werden Sie haben, um die Lastenhefte in Ihr Werkzeug zu bringen? Wie können die Austauschformate aussehen?
- Welchen Invest will und kann Ihre Organisation tätigen?
- Wie bekannt ist der Hersteller des Werkzeugs? Welche Unterstützung bei der Arbeit mit dem Werkzeug können Sie erwarten?
- Wie gut ist die generelle Unterstützung für das Werkzeug?
- Ist das Supportteam für das Werkzeug gut zu erreichen oder sitzt es vielleicht im Ausland? Gibt es Sprachbarrieren?
- Wie sieht das Lizenzmodell aus. Wie hoch sind die genauen Kosten dafür?

Vor der Einführung eines Werkzeugs sollten Sie eine Evaluierung (welche Werkzeuge gibt es überhaupt?) mit anschließender Pilotierung durchführen. Die Planung der Abläufe, Tätigkeiten, Ressourcen und der Zeitaufwände dafür sind gut investiert. Sie werden damit Ihre Ziele und Bedürfnisse genau definiert haben und somit das optimale Werkzeug für sich und Ihre Organisation finden.

Bei der Pilotierung testen Sie in einem kleineren Rahmen in Ihrer Organisation das ausgewählte Werkzeug, bevor Sie es in Ihrer Organisation großflächig ausbreiten.

Merksatz 6-2

Die Planung der Zeiten und Ressourcen für die Evaluierung möglicher Werkzeuge und die Durchführung der Pilotierung werden eine gute Investition sein.

In einem Artikel zum Thema AM-Werkzeuge habe ich sinngemäß folgenden Hinweis zur Auswahl gefunden:

Geben Sie dem Verkäufer fünf Minuten Zeit, um sein Werkzeug zu verkaufen. Das bedeutet, der Verkäufer sollte in dieser Zeit in der Lage sein, Ihnen zu erklären, was das Werkzeug für *Sie* leisten kann. Wenn er seine Hausaufgaben gemacht hat, sollte er wissen, dass Ihr Hauptinteresse – und möglicherweise Ihr einziges Interesse zu diesem Zeitpunkt – darin liegt, ob das Werkzeug das Passende für Sie ist. Sie sind weder an einer Erklärung jeder Schaltfläche und jedes Menüpunkts, den das Werkzeug bietet, noch sind Sie an großen Versprechungen und schon gar nicht an Verkaufsanrufen interessiert. Die Art, wie der Verkäufer auf Ihre Wünsche eingeht ist eine Richtlinie, wie gut das Werkzeug für Sie arbeiten wird.

7 Anforderungen

Sobald Sie sich mit Anforderungen beschäftigen, werden Sie feststellen, dass Sie unterschiedliche Arten von Anforderungen benötigen: Funktionale Anforderungen und nicht-funktionale Anforderungen. Der Begriff nicht-funktionale Anforderungen ist sehr unspezifisch und bezieht sich formal auf alle Anforderungen, die nicht zu den funktionalen Anforderungen gehören. Die nicht-funktionalen Anforderungen werden in die beiden Bereiche Qualität und Randbedingungen unterteilt.

7.1 Funktionale Anforderungen

Funktionale Anforderungen beschreiben die Funktionalitäten und das Verhalten des Produkts. Funktionalitäten können zum Beispiel sein: Anforderungen für Funktionen bei bestimmten Eingaben des Benutzers über eine Tastatur „Beim Drücken der Taste „Ein" muss die Beleuchtung eingeschaltet werden", Angaben für die Berechnung der Mehrwertsteuer: „Nach Eingabe des Nettobetrags muss die aktuell geltende Mehrwertsteuer daraus berechnet werden" und Ausgaben auf einer Anzeige „Die berechnete Mehrwertsteuer und der Bruttobetrag müssen auf der Anzeige angezeigt werden".

Merksatz 7-1

Funktionale Anforderungen legen fest, was das Produkt tun soll. Sie definieren Funktionalitäten, die das Produkt bieten muss.

7.2 Nicht-funktionale Anforderungen

Mit diesem Begriff sind – wie schon erwähnt – Anforderungen gemeint, die nicht den funktionalen Anforderungen zugeordnet werden. Dazu zählen Anforderungen an die Qualität und Anforderungen, die sich aus Randbedingungen ergeben.

7.2.1   Qualität

Anforderungen an die Qualität können nach Norm ISO / IEC 9126 insgesamt sechs Qualitätsmerkmale von Software mit dem Fokus Produktqualität sein: *Änderbarkeit, Benutzbarkeit, Effizienz, Funktionalität, Übertragbarkeit* und *Zuverlässigkeit.*

Die Bedeutung der *Qualitätsmerkmale* in Kürze:

Änderbarkeit
Wie viel Aufwand zur Umsetzung von Änderungen an der Software sind nötig? Das betrifft u.a. die Bereiche Modifizierbarkeit und Testbarkeit.

Benutzbarkeit
Wie gut kann ein Benutzer mit der Software umgehen? Wie schnell kann er den Umgang erlernen? Das betrifft u.a. die Bereiche Verständlichkeit und Bedienbarkeit.

Effizienz
Wie effizient, in Bezug auf Betriebsmittel und Leistung, ist die Software? Dazu gehört das Zeitverhalten (z.B. Antwortzeiten) und der Ressourcenverbrauch.

Funktionalität
Erfüllt die Software die spezifizierten Funktionen? Dieser Bereich betrifft Themen wie Richtigkeit und Sicherheit.

Übertragbarkeit
Mit welchem Aufwand kann die Software in eine andere Umgebung übertragen werden? Begriffe dazu sind: Anpassbarkeit und Installierbarkeit.

Zuverlässigkeit.
Erfüllt die Software ein bestimmtes Leistungsniveau? Stichworte dabei sind: Fehlertoleranz und Wiederherstellbarkeit.

7.2.2   Randbedingungen

Randbedingungen können u.a. aus den Bereichen der Organisation, der Kultur, der Physik oder dem kommerziellen Bereich kommen. Randbedingungen haben Einfluss auf die Umsetzung des Produkts: Gesetze und Normen können Realisierungsmöglichkeiten des Produkts einschränken. Organisatorische Randbedingungen können bestimmte

Standards und Vorgehensweisen vorgeben. Kommerzielle und terminliche Randbedingungen können Kosten und Termine vorgeben.

Merksatz 7-2

Nicht-funktionale Anforderungen legen fest, welche Qualitätseigenschaften das Produkt haben soll und welche Randbedingungen an das Produkt gestellt werden.

7.3 Attribute von Anforderungen – das FAPA

Wenn Sie Anforderungen in Dokumenten oder in Anforderungs-Datenbanken abspeichern, müssen die Anforderungen eindeutig gekennzeichnet werden. Diese Kennzeichnung erfolgt durch Attribute. Weiterhin beinhalten die Attribute unterschiedlichste Informationen zu den einzelnen Anforderungen.

Die Attribute einer Anforderung sind Zusatzinformationen, die zur Dokumentation, Produktentwicklung und Verwaltung der Anforderungen notwendig sind. Es gibt eine Vielzahl von Attributen, die für jede Anforderung getrennt angegeben und auch für jede Anforderung gepflegt werden müssen.

Da in der Praxis die korrekte Pflege aller dieser Attribute für alle Anforderungen sehr aufwendig sein kann und meist aus Zeitdruck oder Bequemlichkeit vernachlässigt wird, sollten Sie die Attribute sparsam und wohl bedacht einsetzen. Verwenden Sie lieber weniger und nur die wichtigsten Attribute und halten Sie sie aktuell. Zu viele Attribute bedeuten einen erheblichen Mehraufwand bei der Pflege, wobei der erreichte Nutzen nicht immer gegeben ist. Sind die Attribute nicht aktuell, kann das zu Inkonsistenzen führen.

Merksatz 7-3

Anforderungsattribute müssen unbedingt verwendet und vor allem gepflegt werden, um Inkonsistenzen innerhalb von Anforderungen und auch zwischen bestehenden und entstehenden Artefakten zu vermeiden.

In der folgenden Abbildung sind die Pflichtattribute von Anforderungen graphisch dargestellt. Das sind Attribute, die Sie unbedingt für jede Anforderung mit angeben müssen, um sinnvoll entwickeln und AM umsetzen zu können. Für das Thema Nachverfolgbarkeit benötigen Sie zusätzlich noch die Attribute Quelle und Ziel - Sie können jedoch zuerst auch ohne diese Angaben entwickeln. Die Angabe einer Identifikation und die Beschreibung der Anforderung sind einer der wichtigsten Pflichtattribute. Die Angabe der Version ist für die Eindeutigkeit der formulierten Anforderungen ein weiteres Pflichtattribut.

Ich nenne es das **FAPA**, das Fünfeck der **A**nforderungs-**P**flicht-**A**ttribute.

Als Merkbrücke können Sie sich in diesem Zusammenhang das französische *Fauxpas* merken. Ein Fauxpas ist ein „falscher Schritt" und im freien Sinne ein Verstoß. Im Kontext Attribute wäre der falsche Schritt das Weglassen eines der wichtigen Pflicht-Attribute.

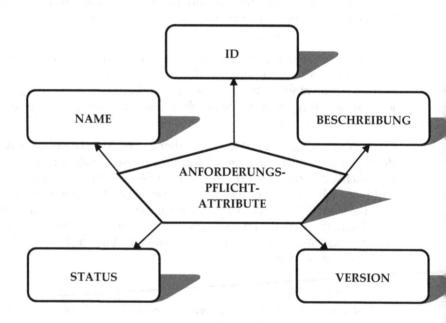

Abbildung 7-1: Fünfeck der Anforderungs-Pflicht-Attribute (FAPA)

7.3.1 Identifikation

Das wichtigste Attribut ist die Identifikation, die eindeutige Anforderungs-ID. Sie muss unbedingt für jede Anforderung vergeben werden.

Beispiel: SW_PSM_A010, 100.

So wie Ihre eigene Identität, zu der Ihr Vor- und Nachname gehört um Sie von anderen zu unterscheiden, gilt das auch für jede Anforderung. Da der Vor- und Nachname zusammen nicht immer eindeutig ist, wird bei den Anforderungen die ID oft in Form einer ausreichend langen Nummer vergeben. Das ist vergleichbar mit der eindeutigen Nummer Ihres Personalausweises.

Bei der Dokumentation der Anforderungen in einer eigenen Vorlage müssen Sie diese ID selbst vergeben. Bei der Verwendung eines spezialisierten AM-Werkzeuges übernimmt das Werkzeug die eindeutige ID-Vergabe. Die Bildungsvorschrift können Sie meist selbst bestimmen: Zahlen, Buchstaben oder eine Kombination daraus. Ganz wichtig hierbei ist, dass diese ID, zumindest für das eindeutige Produkt, nur genau einmal vergeben wird.

Später bei der Verwaltung der Anforderungen dürfen Sie auf keinen Fall eine ID löschen und damit wieder freigegeben. Entfallen Anforderungen, wird damit auch die ID entfallen und steht als zukünftige ID nicht mehr zur Verfügung. Das ist vom Ansatz so ähnlich wie beim Wechsel der Telefon- oder Handynummer. Die alte Nummer wird nicht gleich neu vergeben, sondern zumindest für eine bestimmte Zeit gesperrt; sonst würde sich hinter der gleichen Nummer plötzlich eine andere Person mit einer anderen Identität befinden. Bei den Anforderungs-IDs muss die entsprechende Nummer oder Bezeichnung ein Anforderungsleben lang gesperrt bleiben.

Spezialisierte AM-Werkzeuge werden Sie bei der automatischen Erzeugung dieser ID unterstützen. Sie sorgen auch dafür, dass niemals zwei gleiche IDs vergeben werden. Wenn Sie die ID manuell vergeben, müssen Sie selbst peinlichst genau darauf achten, dass Sie keine doppelten IDs oder IDs von gelöschten Anforderungen erneut vergeben.

7.3.2   Name

Neben der eindeutigen ID muss jede Anforderung auch einen Namen bekommen.

Beispiel: Versorgungsspannungsbereich

Hier geben Sie am besten einen sinnvollen Namen an, der auch mit dem Inhalt oder der Funktion der Anforderung zu tun hat. Bei einer großen Anzahl von Anforderungen ist das vorteilhaft: Zur späteren Verwaltung von Anforderungen lässt sich dann über den Namen sofort eine sinnvolle Zuordnung erkennen.

7.3.3   Beschreibung

Zu jeder Anforderung gehört auch eine Beschreibung. Diese Beschreibung ist das, was zum Thema Formulieren von Anforderungen gehört. Die Beschreibung wird meist zuerst einmal in Form von Text erfolgen. Hier dürfen und sollen Sie die Beschreibung der Anforderung durch aussagekräftige Bilder und Grafiken oder Hinweise zur Funktionalität ergänzen. Zur standardisierten Darstellung von z.B. Abläufen und Zuständen bieten sich Inhalte und Diagramme aus der Unified Modelling Language (UML) an. Dazu erfahren Sie im Kapitel Dokumentieren mit Hilfe der UML noch mehr.

7.3.4   Status

Das Attribut Status kann verschiedenes bedeuten. So kann es als Status aussagen, ob die Anforderung mit dem Kunden oder Ihrer Entwicklung abgestimmt ist oder nicht. In einem anderen Fall kann der Status ein Status der Umsetzung dieser Anforderung sein: Die Anforderung wurde umgesetzt bzw. nicht umgesetzt. Im Statusattribut geben Sie daher anhand einer Auswahl (Liste) den aktuellen Status der Anforderung an:

Beispiel: übermittelt, abgestimmt, freigegeben, ..., umgesetzt

7.3.5   Version

Mit dem Attribut Version wird der eindeutige Stand der Anforderung gekennzeichnet. Die Version ist eine Bezeichnung, die mit Zahlen und Buchstaben gebildet werden kann.

Beispiel: V1.0, 02.13.33, 12

Mit der Version werden Unterschiede in der kompletten Beschreibung der Anforderung (Texte, Grafiken, Diagramme) dokumentiert. Jede Anforderung bekommt Ihre eigene Version. Das gesamte Anforderungsdokument oder die Anforderungs-Datenbank ergibt dann mit allen Einzelversionen der Anforderungen die Anforderungsspezifikation.

Dieses Attribut wird benötigt, um aussagen zu können: Welche Versionen der Anforderungen sind in welchen Produktständen umgesetzt und welche Anforderungen mit genau welcher Version bilden als Ganzes einen zusammengehörigen Stand. Sehr nützlich ist dieses Attribut zur Bildung einer Aussage (Metrik oder Kennzahl) hinsichtlich der Stabilität dieser Anforderung. Gibt es in einem bestimmten Zeitraum viele Änderungen der Anforderung – dokumentiert durch die Versionen – muss hier bei der Qualitätssicherung noch genauer hingeschaut werden. Nicht stabile Anforderungen erzeugen in schon erstellten abhängigen Artefakten entsprechende Aufwände.

Spezialisierte AM-Werkzeuge werden Sie bei der automatischen Versionsvergabe (Versionierung) unterstützen. Sobald Sie eine zuvor gespeicherte Anforderung geändert haben und erneut abspeichern, wird die Version geändert und um eins hochgezählt. Die Art und Bildung der Versionierung - Zahlen, Nummern oder gemischt - können Sie in den Werkzeugen konfigurieren.

Merksatz 7-4

Die wichtigsten Anforderungsattribute sind die Identifikation, der Name, die Beschreibung, der Status und die Version der Anforderung. Diese Attribute müssen immer vorhanden sein. Denken Sie dabei an das FAPA – das Fünfeck der Anforderungs-Pflicht-Attribute.

7.3.6 Sonstige Attribute

Neben den gerade genannten Attributen gibt es noch eine Reihe anderer Attribute, die für Ihre aktuelle Produktentwicklung notwendig sein können. Das müssen Sie im entsprechenden Fall prüfen. Bitte bedenken Sie dabei aber nochmals, dass alle diese Attribute gepflegt werden müssen. Attribute, die nicht gepflegt werden und dann für die einzelne oder mehrere Anforderungen nicht mehr aktuell sind, haben keinen wirklichen Nutzen für Sie.

Priorität

Die Priorität einer Anforderung sagt aus, mit welcher Priorität und damit Wichtigkeit die entsprechende Anforderung umgesetzt werden muss. **Beispiel:** sehr hoch, hoch, mittel, gering

Sie vergeben eine hohe Priorität, weil die Konkurrenz auf dem Markt Produkte anbietet, die bestimmte Anforderungen schon haben. Sie möchten daher sehr schnell Ihr eigenes Produkt mit genau diesen Anforderungen ebenfalls auf dem Markt platzieren. Oder Sie haben aufgrund einer Fehlermeldung die Anforderung geändert und müssen diese unbedingt so schnell wie möglich umsetzen.

Die Umsetzung bezieht sich normalerweise auf die nächste geplante Baseline oder das Release. Das sind Bezeichnungen für die Momentaufnahmen aller Anforderungen oder Anforderungsdokumente mit ihren aktuellen Inhalten und allen ihren Attributen (Kapitel Versions- und Konfigurationsmanagement).

Abnahmekriterium

Im Abnahmekriterium beschreiben Sie, welche Kriterien erfüllt sein müssen, damit Ihr Kunde das Produkt mit genau dieser formulierten Anforderungsfunktion akzeptiert.

Beispiel: Die Berechung der Mehrwertsteuer muss korrekt sein

Ursprung, Quelle

Dieses Attribut benennt den Ursprung der Anforderung. Aus welchem Dokument oder welcher Quelle (z.B. Lastenheft, Pflichtenheft, Spezifikation, Norm) ist diese Anforderung entstanden?

Beispiel: Lastenheft Produkt_X, Rev. 3.20.5, 2010-09-03, Kapitel 4 Spannungsüberwachung, S. 23

Notwendig ist dieses Attribut zur Erstellung der Nachverfolgbarkeit von Anforderungen in Richtung der Ursprungsdokumente.

Ziel

Mit der Beschreibung des Ziels geben Sie an, in welchen Artefakten die Anforderung umgesetzt ist. Das Ziel benennt die Umsetzungsdokumente oder Umsetzungsorte der Anforderung. Artefakte können zum Beispiel sein: Designspezifikation oder Softwareumsetzung (Implementierung).

Beispiel: Artefakt Softwareumsetzung (Implementierung), Modul psm.c
Funktion PsmCheckPowerSupply()

Kritikalität
Wie kritisch ist die geschätzte Umsetzungsdauer in Bezug auf die Anforderung? Oder mit welchem Risiko bezüglich der Umsetzung und dem dazugehörigen Test ist die Anforderung verbunden?

Beispiel Umsetzungsrisiko: Sehr hoch, hoch, mittel, gering

Anforderungstyp
Ist die Anforderung eine funktionale Anforderung, eine Qualitätsanforderung oder eine Anforderung aus dem Bereich der Randbedingungen?

Beispiel: Qualitätsanforderung

Autor
Mit diesem Attribut dokumentieren Sie den Autor der Anforderung. Die Information ist gerade bei Hunderten von Anforderungen für Rückfragen sehr wertvoll.

Beispiel: Herr Marcus Grande

Verantwortlicher
Wer genau ist für diese Anforderung verantwortlich?

Beispiel: Teamleiter Hardwareentwicklung, Herr Bernd Bauteil

Datum Erstellung und Änderung
Mit den Attributen werden das Erstellungsdatum – Ersterstellung bzw. Dokumentation der Anforderung – und das Datum der letzten Änderung dokumentiert. Damit ist die Erstellung von z.B. der Metrik „Alter der Anforderung" möglich.

Beispiel Erstellungsdatum: 2010-12-23

8 So finden Sie Anforderungen

Sie haben schon erfahren, dass die Kommunikation und das Zusammen-
treffen und Diskutieren mit den Stakeholdern für das Finden von Anforderungen eine sehr wichtige Rolle im AM spielt. Jetzt werden Sie die
Methoden und Techniken zur Ermittlung von Anforderungen kennen
lernen.

8.1 Produkt und Produktkontext

Das Produkt, für das Sie die Anforderungen ermitteln werden, soll in
einer bestimmten Umgebung eingesetzt und verwendet werden. Unter
dem Produktkontext ist jetzt alles aus dieser Umgebung für Sie von
Bedeutung, was zu Anforderungen an das Produkt beitragen kann.

Zu den möglichen Aspekten dieses Produktkontextes können Artefakte
und Personen aus folgenden Bereichen gehören:

- Personen: der oder die relevanten Stakeholder
- Produkte im Betrieb (Software, Hardware)
- Prozesse (technisch oder physikalisch, Geschäftsprozesse)
- Ereignisse (technisch oder physikalisch)
- Dokumente (Gesetze, Standards, Normen)

8.2 Kommunikation

Zum Finden von Anforderungen werden Sie mit vielen unterschiedlichen Personen und Stakeholdern sprechen, diskutieren und
deren Wünsche, Ziele und Anforderungen abfragen.

Die Arten, wie die Kommunikation stattfinden kann, ist sehr vielfältig. Je
nach Anwendungsbereich und Zielformulierung für die kommunizierten
Ergebnisse gibt es Vorgehenstechniken wie das Brainstorming, Gespräche, Interviews und weitere andere Techniken.

Soziale Kompetenz im Bereich Rhetorik und Kommunikation hilft Ihnen,
die richtigen Anforderungen zu finden. Mit diesen Kenntnissen können

Sie die richtigen Fragen verständlich stellen und auch in einer Checkliste formulieren.

Merksatz 8-1

Eine gute Kommunikation ist zur Ermittlung von Anforderungen von Vorteil. Kenntnisse im Bereich Rhetorik und Kommunikation unterstützen Sie beim Stellen der richtigen Fragen und damit bei der Ermittlung der richtigen Anforderungen.

8.3   Anforderungsquellen

Neben der Durchführung und der Fähigkeit, gut zu kommunizieren, sind die Berufserfahrung und auch die Lebenserfahrung eine weitere Basis für die Anforderungsermittlung. Mit diesem Wissen werden Sie bei zukünftigen Produktentwicklungen immer besser und professioneller zum Ziel kommen.

8.3.1   Stakeholder

Die Erfahrungen aus dem Leben und dem Beruf können Sie für das Ermitteln von Anforderungen nutzen, wenn Sie die richtigen Stakeholder dafür auswählen.

Merksatz 8-2

Die richtigen Stakeholder sind als Halter und Interviewpartner zur Ermittlung der richtigen Anforderungen sehr wertvoll.

8.3.2   Dokumente

Eine Vielzahl von Dokumenten können Quellen für die Anforderungen sein: Spezifikationen, Lastenhefte und Pflichtenhefte, mitgeltende Unterlagen (Normen) und Abbildungen (Zeichnungen, Grafiken). Zur Durchsicht und Ermittlung von Anforderungen aus bestehenden Dokumenten können Sie durchaus Prüftechniken wie das Walkthrough anwenden. Zu Prüftechniken werden Sie bei der Validierung von Anforderungen im Kapitel Prüftechniken noch mehr erfahren.

Merksatz 8-3

Spezifikationen, Lastenhefte, Pflichtenhefte, Normen und Abbildungen können Anforderungsquellen sein.

Wenn Sie in früheren Produktentwicklungen die Anforderungen in Spezifikationen und Datenbasen festgehalten und damit dokumentiert haben, können Sie passende Teile davon wieder verwenden. Eine Anforderungsdatenbank ist eine „bequeme" Anforderungsquelle, da sie schon ermittelte, abgestimmte und validierte Anforderungen beinhaltet. Dokumente in Form von Funktions- oder Benutzerhandbüchern können ebenfalls Anforderungsquellen sein.

Merksatz 8-4

Anforderungen, die Sie aus Dokumenten oder Anforderungs-Datenbanken wieder verwenden können, sind „bequeme" Anforderungsquellen.

8.4   Ermittlungstechniken

Ermittlungstechniken sind Methoden und Techniken, mit denen Sie Anforderungen ermitteln und finden können. Sie dienen dazu, die relevanten Anforderungen der Stakeholder zu erfragen.

8.4.1   Befragungstechniken

Mit der Technik des Befragens ermitteln Sie Anforderungen in Gesprächen, die dann im Rahmen eines *Interviews* stattfinden. Eine weitere Möglichkeit zur Befragung ist der *Fragebogen*. Die für Sie relevanten Stakeholder bekommen einen Fragebogen, den sie ausfüllen müssen. Im Vergleich zum Interview bekommen Sie dabei leider keine direkten Rückmeldungen auf Ihre Fragen.

8.4.2   Kreativitätstechniken

Mit Kreativitätstechniken lassen Sie sich und den ausgewählten Beteiligten freien Lauf in den Gedanken. Damit können durch Geistesblitze, Visionen und unterschiedliche Sichten auf das zu entwickelnde Produkt seine zukünftigen Funktionalitäten kreativ ermittelt werden. Zum Bereich der Kreativtechniken gehören Techniken wie das *Brainstorming* oder der *Perspektivenwechsel*.

Der prinzipielle Ablauf beim *Brainstorming* ist der, dass eine bestimmte Anzahl Stakeholder zusammen ihren Gedanken für eine vorher definierte Zeit freien Lauf lassen und ein Moderator das Gesagte unkommentiert festhält. Eine Auswertung und Strukturierung erfolgt erst danach.

Der *Perspektivenwechsel* ist eine Technik, bei der Sie und entsprechende Stakeholder sich in andere Personen und ihre Rollen versetzen. Damit betrachten Sie das Produkt und seine Funktionalitäten aus einer anderen Sicht. Ein bekanntes Modell dazu stammt von Walt Disney. Beim Walt-Disney-Modell werden die Sichten und Rollen des Realisten, des Kritikers, des Träumers und des Visionärs eingenommen. In der Neurolinguistischen Programmierung (NLP) gehört die Methode zu den so genannten NLP-Strategiemodellen.

8.4.3 Abläufe durchdenken

Das Durchdenken, Simulieren oder Durchführen von Abläufen, zum Beispiel anhand eines Prototypen, ist eine weitere gute Technik für das Finden von Anforderungen. Sie versetzen sich in die Rolle des Anwenders und seiner verschiedenen möglichen Rollen bei der Verwendung des Produkts.

Nehmen Sie an, Sie erstellen Produkte, die in einem Haushalt in der Küche Verwendung finden. Sagen wir einmal, den Herd. Wenn Sie jetzt den Ablauf und die Art der Bedienung durchdenken oder besser noch in der Praxis durchführen, werden Sie wichtige und nützliche Anforderungen finden. Durch die Verwendung eines realen Produkts und die anschließende Anforderungsformulierung mit Text und Diagrammen, erhalten Sie praxisgerechte Anforderungen für das Produkt.

8.4.4 Beobachtungstechniken

Die Grundlage der Beobachtungstechniken ist das Beobachten eines typischen Anwenders bei der Verwendung eines Produkts. Die Ergebnisse werden dokumentiert. Die dazugehörige Technik ist die *Feldbeobachtung*. Eine weitere Technik ist das *Apprenticing*. Dabei geht der Anforderungsmanager in die Lehre derjenigen, die mit der Arbeit am und mit dem Produkt vertraut sind. Somit lernt er die korrekte und sinnvolle

Bedienung des Produkts praxisnah kennen. Jetzt kann er die Anforderungen dazu formulieren.

8.4.5 Weitere unterstützende Techniken

Neben den gerade beschriebenen Techniken gibt es noch eine Reihe weiterer unterstützender Techniken, die ich hier kurz nennen möchte. Das sind Mind Mapping, Workshops, Karten-Techniken sowie Audio- und Videoaufzeichnungen.

Mind-Mapping ist eine graphische Darstellung von Abhängigkeiten und Beziehungen zwischen Begriffen. In einem *Workshop* erarbeiten relevante Stakeholder und die Anforderungsmanager intensiv die Anforderungen. Mit Kartentechniken – nicht zu verwechseln mit Karten legen, was sich einige Anforderungsmanager bei der Anforderungsermittlung manchmal wünschen würden – erstellen Sie Karteikarten, auf denen jeweils die einzelnen Anforderung und alle wichtigen und damit erarbeiteten Informationen von verschiedenen Teilnehmern zusammengefasst werden. Konkrete Techniken sind CRC-Karten und Snowcards.

8.5 Zufriedenheitskategorien Kano-Modell

Die Anforderungen werden maßgeblich von den Stakeholdern an das Produkt gestellt. Für die Einteilung, wie zufrieden die Stakeholder aufgrund bestimmter Anforderungen sind, gibt es das Modell von Dr. Noriaki Kano, der darin drei Arten von Produktanforderungen beschreibt: die *Basisfaktoren*, die *Leistungsfaktoren* und die *Begeisterungsfaktoren*.

Die *Basisanforderungen* sind für den Kunden selbstverständlich. Sie fallen dem Kunden nicht wirklich auf. Erst dann, wenn sie fehlen, entsteht eine gewisse Unzufriedenheit.

Die *Leistungsanforderungen* sind die, die der Kunde explizit haben möchte. Fehlen sie, entsteht sicher Unzufriedenheit; werden sie umgesetzt, steigt die Zufriedenheit.

Die *Begeisterungsfaktoren* sind die Anforderungen, die namentlich Ihren Kunden begeistern. Es sind Anforderungen, die der Kunde nicht explizit haben wollte, die aber den Wert und Eindruck des Produkts bei Ihrem Kunden entsprechend heben. Diese Faktoren könnten zum Allein-

stellungsmerkmal werden, das Ihnen einen Wettbewerbsvorteil bringen
kann.

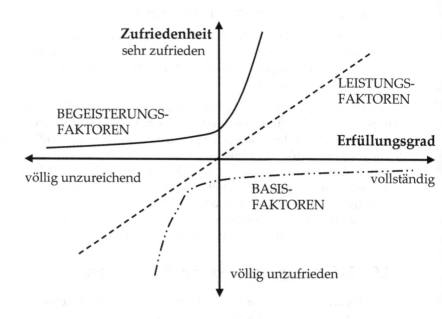

Abbildung 8-1: Kano-Modell und Zufriedenheitskategorien

9 Die Anforderungsdokumentation

In den Anforderungsdokumenten werden die Anforderungen an das Produkt dokumentiert. Die Dokumente werden unterschiedlich genannt, obwohl es eigentlich alles Spezifikationen sind: Lastenheft aus Sicht des Auftraggebers, Pflichtenheft aus Sicht des Auftragnehmers. Sie und Ihre Organisation werden dann auf Basis der Inhalte des Pflichtenhefts fachspezifische Spezifikationen erstellen. Die Lasten- und Pflichtenhefte enthalten in aller Regel neben den funktionalen Anforderungen noch weitere Informationen: Zeitpunkte und Inhalte geplanter Auslieferungen, rechtliche und kaufmännische Bedingungen sowie Referenzen auf Normen. Diese Anforderungen werden den nicht-funktionalen Anforderungen zugeordnet. Das sind Anforderungen zur Qualität und zu vorgegebenen Randbedingungen.

Merksatz 9-1

In der Anforderungsdokumentation (Anforderungsspezifikation) werden die Anforderungen an das Produkt dokumentiert.

Die Anforderungsdokumentationen sind die Basis für (fast) alle weiteren Aufgaben und notwendigen Entwicklungsschritte für Ihr Produkt.

Merksatz 9-2

Die Anforderungsdokumentation (Anforderungsspezifikation) ist die Basis für (fast) alle weiteren Entwicklungsschritte.

Verwenden Sie ein spezialisiertes AM-Werkzeug, erstellen Sie die Anforderungen direkt darin oder Sie importieren Anforderungen aus anderen Dokumenten in das Werkzeug – beispielsweise aus dem Lastenheft des Auftraggebers. Arbeiten Sie mit Einfach-Werkzeugen, formulieren Sie die Anforderungen direkt in den entsprechenden Vorlagen. Sie können die Inhalte auch aus dem Lastenheft hierher kopieren oder inhaltlich übernehmen.

9.1   Anforderungsdokumentation mit der Textverarbeitung

Am Beispiel einer Software-Anforderungs-Spezifikation (SAS) werde ich Ihnen die wichtigsten Inhalte und Bestandteile erläutern, damit Sie einen Eindruck davon bekommen, wie eine Spezifikation aussehen kann. Die Vorlage ist mit einem Textverarbeitungsprogramm erstellt worden. Grundlage für diese Vorlage war u.a. die Norm IEEE830-1998: Empfohlene Praktiken für die Software-Anforderungs-Spezifikation.

Zunächst sollten Sie in dieser Vorlage einige formale Dinge beachten. Sie müssen bestimmte Angaben wie den Produktnamen, das Datum, die aktuelle Version und die Seitenzahlen angeben. Das sind formale Angaben, die wichtige Informationen für eindeutige Versionen und das Konfigurationsmanagement enthalten. Die Spezifikation ist eindeutig einem Produkt zugeordnet. Bei der Qualitätssicherung der Spezifikation können Sie anhand der Seitenzahlen auf Bereiche genau referenzieren.

Die vorgestellte SAS Vorlage wird in der Praxis genau so verwendet. Sie können die Vorlage selbstverständlich nach Ihren oder den Wünschen Ihrer Organisation anpassen. Einige Seiten der Vorlage sind im folgenden abgedruckt. Zur eindeutigen Kennzeichnung der beschriebenen Bereiche finden Sie zusätzlich Zahlen (①, ②) rechts neben der Vorlage.

Deckblatt

Auf dem Deckblatt geben Sie den Namen des Dokuments ② sowie den Namen des Produkts oder des Projekts an. In den jeweiligen Kopf- und Fußzeilen ①, ④ schreiben Sie die aktuelle Seitenzahl, die Gesamtanzahl der Seiten des Dokuments, das Datum, den Namen des Dokuments sowie die Versionsnummer.

Im Bereich ③ des Deckblattes geben Sie den Autor, den Status der Bearbeitung und den Status des Dokuments bezüglich der Freigabe an. Die Dokumentversion und das Datum können Sie hier ebenfalls nochmals eintragen.

Auf den nächsten Seiten der Vorlage können Sie die Inhalte der Kopf- und Fußzeilen analog wie beim Deckblatt übernehmen.

Änderungshistorie

Es muss eine Versions- und Änderungshistorie zum Dokument geben, in der das Änderungsdatum, die Änderungsversion, der Name des Ändernden und die geänderten Punkte im Dokument festgehalten werden. Als weitere Referenz geben Sie zusätzlich die entsprechenden Fehler-Nummern und Änderungs-Nummern an. Das sind eindeutige Identifikationsbezeichnungen, vergleichbar mit der eindeutigen Identifikation (ID) jeder Anforderung. Damit können die Änderungen nachverfolgt werden. Solche „Änderungslisten" können Sie mit Einfach-Werkzeugen erstellen oder mit entsprechenden Fehlerverfolgungsprogrammen. Namen und Referenzen für solche Werkzeuge finden Sie im Kapitel Weiterführende Informationen.

Referenzen

Hier geben Sie alle zum Verständnis der Software-Anforderungs-Spezifikation notwendigen Referenzen an. Das können weitere Dokumente und mitgeltende Unterlagen wie Normen sein ⑥.

Abkürzungen und Begriffe

Zum gemeinsamen Verständnis der Software-Anforderungs-Spezifikation müssen Sie eine Tabelle aller verwendeten Abkürzungen und Begriffe ⑦ ⑧ mit aufnehmen. Damit können die Leser und die Stakeholder jederzeit nachvollziehen, was bestimmte Abkürzungen und Begriffe bedeuten. Die Abkürzungen und Begriffe gehören zu der Sammlung von Begriffsdefinitionen, die damit als Hauptüberbegriff dem Glossar zugeordnet werden. Zu diesem Glossar gehören auch Erläuterungen zu Synonymen, kontextspezifische Fachbegriffe und allgemeine Begriffe.

Beim Umgang mit dem Glossar müssen Sie einige wichtige Regeln beachten: Die Inhalte des Glossars müssen mit den Stakeholdern abgestimmt werden. Die Rollenzuordnung, wer das Glossar pflegt und die entsprechenden Zugriffsrechte müssen festgelegt und dokumentiert werden. Das Glossar muss allen zugänglich sein.

Zum Thema Begriffe und dem möglichen unterschiedlichen Verständnis dazu gibt es eine nette passende Geschichte von Herrn Peter Bichsel mit dem Namen „Ein Tisch ist ein Tisch". Ein alter Mann möchte etwas ändern und nennt Begriffe um. Zu dem Bett sagt er jetzt Bild. So verfährt er mit vielen Gegenständen und wird dann am Schluss von den anderen nicht mehr verstanden. [Peter Bichsel].

Einleitung

In der Einleitung ⑨ beschreiben Sie den Hintergrund und die Motivation
zum Produkt. Sie können Blockschaltbilder zum technischen Verständnis
wie z.b. den Hardwareaufbau mit aufnehmen. Sie beschreiben, welche
Grundaufgaben die Software erledigen soll und in welchem Kontext das
Produkt verwendet wird.

Hauptkapitel Anforderungen

In den Hauptkapiteln ⑩ beschreiben Sie die konkreten Anforderungen.
Von Vorteil ist es, wenn Sie hier schon eine gute Struktur anlegen und
das in Funktionalitäten ordnen können. Dabei helfen Ihnen die Inhalte
Ihres eigenen Pflichtenheftes.

Für jede Anforderung müssen Sie mindestens die Pflicht-Anforderungs-
Attribute (denken Sie dabei an das Fünfeck der Anforderungs-
Pflichtattribute FAPA) mit angeben: die Anforderungs-ID, den Namen
der Anforderung, die Beschreibung, den Status und die Version. Bei
Bedarf müssen Sie weitere Attribute mit angeben, wie die Priorität der
Anforderung oder die Kritikalität.

Die Nachverfolgbarkeit von Anforderungen ist in einer anderen Vorlage
umgesetzt. Der Hauptgrund dafür ist: Nachfolgende Artefakte, wie
Designdokumente und Implementierung, sind noch nicht bekannt. Wenn
Sie später bekannt sind, würde die Verwaltung in dieser Vorlage perma-
nenten Nachpflegeaufwand bedeuten. Eine Vorlage zur Erstellung der
Nachverfolgbarkeit ist die Anforderungs-Nachverfolgbarkeits-Matrix
(ANM). Sie finden sie im gleichnamigen Kapitel. Nachverfolgbarkeit
bedeutet zu dokumentieren, aus welchem Dokument kommen die Inhal-
te Ihrer Anforderungen und in welchen weiteren Artefakten sind diese
Anforderungen umgesetzt.

Deckblatt

100 Minuten für AM	Titel Software-Anforderungs-Spezifikation	Version SAS 1.2

(1)

Software-Anforderungs-Spezifikation

(2)

<IhrProdukt>
<IhreProduktnummer>

(3)

Autor	Herr Dipl.-Ing. Marcus Grande
Datum	2010-11-15
Version	SAS 1.2
Status	Freigegeben (In Bearbeitung / Review durchgeführt / Freigegeben)
Freigabe	Herr Stake Holder (freigegeben von) / 2010-11-15 (freigegeben am)

(4)

SAS_ProduktX.doc	2010-11-15	Seite(n) 1 von 64

Abbildung 9-1: Deckblatt

Änderungshistorie und Glossar

100 Minuten für AM	Titel Software-Anforderungs-Spezifikation	Version SAS 1.2

Änderungshistorie

Version	Bearbeiter	Datum	Referenz (Kapitel, Seite)	Änderungen
1.0	Marcus Grande	2010-11-11	alle	Erstellung
1.1	Fred Review	2010-11-13	Kap. 3 Spannungs- überwachung SW_PSM_A010	PSM_A010 Toleranz von 2% auf 5% korrigert
1.2	Stake Holder	2010-11-15	Deckblatt	Freigabe

Referenzen

Ref	Referenz	Version Datum	Beschreibung
[1]	IEEE 830	IEEE Std 830-1998	IEEE Empfohlene Praktiken für Software-Anforderungs-Spezifikationen
[2]	Lastenheft	LH 3.20.05 2010-09-03	Lastenheft des Kunden
[3]	Pflichtenheft	PH V2.0 2010-10-13	Pflichtenheft der Organisation

Abkürzungen

Abkürzung	Beschreibung
SAS	Software-Anforderungs-Spezifikation
IEEE	Weltweiter Berufsverband von Ingenieuren aus den Bereichen Elektrotechnik und Informatik
ADC	Analog Digital Converter -> Analog Digital Wandler
PSM	Power Supply Monitoring. Abkürzung für die Anforderungsfunktionalität Spannungsüberwachung

Begriffe

Begriffe	Beschreibung
Lastenheft	Ein Lastenheft beschreibt die Gesamtheit der Forderungen des Auftraggebers an die Lieferungen und Leistungen eines Auftragnehmers.
Pflichtenheft	Das Pflichtenheft beschreibt in konkreterer Form, wie der Auftragnehmer die Anforderungen im Lastenheft zu lösen gedenkt.
$U_{PSUP-IN}$	Versorgungsspannung des Produkts.
$U_{PSUP-IN-PLUS}$	Positive Versorgungsspannung des Produkts.
$U_{PSUP-IN-MINUS}$	Negative Versorgungsspannung des Produkts.
$U_{PSUP-PSM}$	Positive spannungsgeteilte Überwachungsspannung
Unterspannungs- bereich	Bereich der Eingangsspannung $U_{PSUP-IN}$, in dem eine Unterspannung erkannt wird. Bestimmte Funktionalitäten der Produktfunktion sind deaktiviert.
Überspannungs- bereich	Bereich der Eingangsspannung $U_{PSUP-IN}$, in dem eine Überspannung erkannt wird. Bestimmte Funktionalitäten der Produktfunktion sind deaktiviert.

SAS_ProduktX.doc   2010-11-15   Seite(n) 2 von 64

Abbildung 9-2: Änderungshistorie und Glossar

Einleitung

100 Minuten für AM	Titel Software-Anforderungs-Spezifikation	Version SAS 1.2

1 Einleitung

1.1 Zweck des Dokuments

Zweck des Dokumentes ist die klare Darstellung der Software-Funktionen des Produktes und die Darstellung zur Erreichung eines gemeinsamen Verständnisses für die entsprechenden Funktionalitäten.

1.2 Umfang des Softwareprodukts

Das Softwareprodukt muss ...

1.2.1 Vorteile

1.2.2 Ziele

2 Allgemeine Beschreibung

2.1.1 Produkt Perspektive

⑨

2.1.2 Schnittstellen

2.1.3 Blockschaltbild

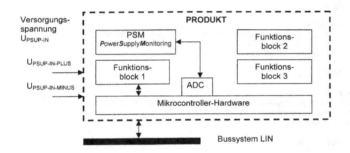

Abbildung 2-1: Blockschaltbild

SAS_ProduktX.doc	2010-11-15	Seite(n) 4 von 64

Abbildung 9-3: Einleitung

Formulierung der Anforderungen

100 Minuten für AM	Titel Software-Anforderungs-Spezifikation	Version SAS 1.2

3 Spannungsüberwachung PSM

Dieses Kapitel beschreibt die Anforderungen für die Funktionalität Spannungs-überwachung PSM. Die Betriebsspannung $U_{PSUP-IN}$ muss permanent überwacht werden. Die Spannungsbereiche außerhalb des gültigen Funktionsspannungsbereichs müssen als Zustand Über- und Unterspannung erkannt werden.

SW_PSM_A010
1.2
Versorgungsspannungsbereich
Der Versorgungsspannungsbereich muss im Bereich von 0 bis 16 Volt +-0,5 V überwacht werden.
Status = freigegeben

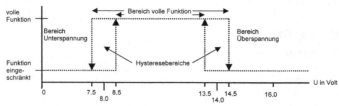

Abbildung 3-1: Versorgungsspannungsbereich

SW_PSM_A020
1.1
Unterspannung
Liegt die Versorgungsspannung unter 8 Volt +-0,5 V, muss der Zustand *PSM- Unterspannung* erkannt werden.
Status = umgesetzt

SW_PSM_A030
1.0
Überspannung
Liegt die Versorgungsspannung über 14 Volt +-0,5 V, muss der Zustand *PSM-Überspannung* erkannt werden.
Status = umgesetzt

SW_PSM_A040
1.1
Funktionsspannungsbereich
Der Zustand der Versorgungspannung muss als Funktionsspannungsbereich erkannt werden, wenn keine Unterspannung und keine Überspannung erkannt wurde.
Status = umgesetzt

SAS_ProduktX.doc	2010-11-15	Seite(n) 5 von 64

Abbildung 9-4: Formulierung der Anforderungen

9.2 Anforderungsdokumentation mit der Tabellenkalkulation

Die Tabellenkalkulation ist eine weitere Möglichkeit, Ihre Anforderungen zu dokumentieren. Die Erstellung mit der Textverarbeitung hatte den Vorteil, dass Sie damit eine ansprechende Dokumentation mit Struktur, Inhaltsverzeichnis, Referenzen und Grafiken erstellen konnten. Allerdings ist die Erzeugung von Sichten und das Filtern auf bestimmte Anforderungen kaum möglich. Diese Dinge sind mit der Tabellenkalkulation besser umzusetzen.

Sie erstellen ein Tabellenblatt, bei dem die einzelnen Spalten den Attributen Ihrer Anforderungen entsprechen. Beginnend bei der Spalte mit der Anforderungs-ID und der Versionsnummer sind das im Weiteren der Anforderungsname, die Anforderungsbeschreibung, ein Featureattribut, das Nachverfolgbarkeitsattribut Quelle zur Angabe des Ursprungs der Anforderung (Kundenspezifikation), ein Kommentarattribut und ein weiteres Attribut zur Nachverfolgbarkeit der Testfälle für die einzelne Anforderung. Das Featureattribut ist sehr hilfreich beim Filtern auf bestimmte Anforderungen beziehungsweise Gruppen. Existiert bei Ihnen ein Feature Spannungsüberwachung, können Sie damit sehr einfach eine Sicht (durch Filtern) auf nur genau diese Anforderungen erzeugen.

ID CheckDblds	Version	Status	Feature	Anforderungs-Name	Anforderungs-Beschreibung	Quelle zur ID der Kunden-anforderungen	Kommentar	Test-ID
ReqSE-02130	2	implemented	Spannungsüberwachung	KL30	Die Bordnetzspannung KL_30 muss vom Mikrokontroller analog mit einem maximalen Gesamtfehler von 3% überwacht werden.	ReqCust-01631 ReqCust-01650		TecSE-02130
ReqSE-02140	3	implemented	Spannungsüberwachung	KL30 Zyklus	Die Bordnetzspannung KL_30 muss in Zeitraster des *Hauptzyklus* (New) gemessen werden.	ReqCust-03411	Hauptzyklus aktuell 10 ms	TecSE-02140
ReqSE-02150	1	implemented	Spannungsüberwachung	KL30 Mittelwert	Die Vierte der Bordnetzspannung KL_30 müssen als gleitender Mittelwert aus acht Werten berechnet werden.	ReqCust-03411		TecSE-02150
ReqSE-02155	1	implemented	Spannungsüberwachung	KL30 Mittelwertbuffer Initialisierung	Der Mittelwertbuffer für die KL30 muss bei der Initialisierung mit "0" initialisiert werden.	Design		TecSE-02155
ReqSE-02160	2	implemented	Spannungsüberwachung	KL30 Minimale Spannung	Die minimale Eingangsspannung an KL30 beträgt 0 Volt.	ReqCust-01650		TecSE-02160
ReqSE-02170	2	implemented	Spannungsüberwachung	KL30 Maximale Spannung	Die maximale Eingangsspannung an KL30 beträgt 36,5 Volt +- 3%.	ReqCust-01650		TecSE-02170
ReqSE-02180	1	deleted	Spannungsüberwachung	KL30 Frequenz	Die Grenzfrequenz liegt zwischen 25 Hz und 50 Hz +- 10%.	ReqCust-01650	Keine Softwareanforderung, Anforderung ist entfallen.	TecSE-02180
ReqSE-02190	5	implemented	Spannungsüberwachung	KL30 Unterspannungsschwelle	Wird die Schwelle des Eeprom-Konfigurierungsparameters CONFIG_KL30_MIN_TH unterschritten, muss der Zustand KL30 Unterspannung erkannt werden. **Hinweis:** Die Schwelle muss parametrisierbar sein.	ReqCust-03401		TecSE-02190 TecSE-02450

Abbildung 9-5: Beispiel Tabellenblatt Anforderungsdokumentation

Zur detaillierten Ansicht der Inhalte anbei das Tabellenblatt in vergrößerter Ansicht.

ID	Version	Status	Feature	Anforderungs-Name
ReqSE-02130	2	implemented	Spannungsüberwachung	KL30
ReqSE-02140	3	implemented	Spannungsüberwachung	KL30 Zyklus
ReqSE-02150	1	implemented	Spannungsüberwachung	KL30 Mittelwert
ReqSE-02155	1	implemented	Spannungsüberwachung	KL30 Mittelwertbuffer Initialisierung
ReqSE-02160	2	implemented	Spannungsüberwachung	KL30 Minimale Spannung
ReqSE-02170	2	implemented	Spannungsüberwachung	KL30 Maximale Spannung
~~ReqSE-02180~~	~~4~~	~~deleted~~	~~Spannungsüberwachung~~	~~KL30 Frequenz~~
ReqSE-02190	5	implemented	Spannungsüberwachung	KL30 Unterspannungsschwelle

Abbildung 9-6: Beispiel Tabellenblatt Anforderungsdokumentation links

Die rot durchgestrichene Anforderung ist eine Anforderung, die entfallen ist. Sie darf im Dokument nicht gelöscht werden, damit die für diese Anforderung vergebene ID nicht wieder verwendet wird. Die korrekte Vergabe der IDs liegt hier in Ihrer Verantwortung.

Anforderungs-Beschreibung	Quelle zur ID der Kunden-anforderungen	Kommentar	Test-ID
Die Bordnetzspannung KL_30 muss vom Mikrokontroller analog mit einem maximalen Gesamtfehler von 3% überwacht werden.	ReqCust-01631 ReqCust-01650		TecSE-02130
Die Bordnetzspannung KL_30 muss im Zeitraster des *Hauptzyklus (10ms)* gemessen werden.	ReqCust-03411	Hauptzyklus aktuell 10 ms	TecSE-02140
Die Werte der Bordnetzspannung KL_30 müssen als gleitender Mittelwert aus acht Werten berechnet werden.	ReqCust-03411		TecSE-02150
Der Mittelwertbuffer für die KL30 muss bei der Initialisierung mit "0" initialisiert werden.	Design		TecSE-02155
Die minimale Eingangsspannung an KL30 beträgt 0 Volt.	ReqCust-01650		TecSE-02160
Die maximale Eingangsspannung an KL30 beträgt 36,5 Volt +- 3%.	ReqCust-01650		TecSE-02170
~~Die Grenzfrequenz liegt zwischen 25 Hz und 50 Hz +- 10%.~~	~~ReqCust-01650~~	~~Keine Softwareanforderung, Anforderung ist entfallen.~~	~~TecSE-02180~~
Wird die Schwelle des Eeprom-Konfigurierungsparameters CONFIG_KL30_MIN_TH unterschritten, muss der Zustand KL30 Unterspannung erkannt werden.	ReqCust-03401		TecSE-02190 TecSE-02450

Abbildung 9-7: Beispiel Tabellenblatt Anforderungsdokumentation rechts

9.3 Qualitätskriterien für das Anforderungsdokument

Zur Sicherung der Qualität des Anforderungsdokuments müssen Sie einige Kriterien überprüfen und absichern. Es gibt fünf Qualitätskriterien: die *Struktur*, die *Eindeutigkeit*, die *Vollständigkeit*, die *Erweiterbarkeit / Modifizierbarkeit* und die *Verfolgbarkeit*.

Struktur

Eine gute Struktur des Anforderungsdokuments erhöht seine Qualität, weil es damit lesbarer ist und Inhalte schneller gefunden werden können. Die Struktur erhöht die Qualität der Wiederverwendung in dem Sinne, dass es einfacher wird, ganze Blöcke zu finden und wieder zu verwenden.

Eindeutigkeit

Die Eindeutigkeit als Qualitätskriterium für das Anforderungsdokument bedeutet, dass die Anforderungen in sich und verglichen mit allen weiteren Anforderungen eindeutig und widerspruchsfrei sind. Mit Hinblick auf die Versionierung und Konfigurierung bedeutet Eindeutigkeit, dass die einzelnen Versionen der Anforderungen und des Dokuments damit eindeutig und konsistent sind.

Vollständigkeit

Die Vollständigkeit in Bezug auf das Dokument bedeutet: alle relevanten Anforderungen sind darin dokumentiert. Formale Punkte wie eine vollständig und korrekt gepflegte Versionshistorie oder geschlossene und vollständige Referenzangaben sind enthalten.

Erweiterbarkeit und Modifizierbarkeit

Anforderungen und ihre Anforderungsdokumente werden sich im Produktleben ändern. Anforderungen ändern sich, entfallen ganz oder neue werden hinzukommen. Erweiterbarkeit und Modifizierbarkeit ist daher ein wichtiges Qualitätskriterium für das Anforderungsdokument.

Verfolgbarkeit

Die Verfolgbarkeit als Qualitätskriterium der Anforderungsspezifikation bezieht sich auf die Ursprünge von Anforderungen: Aus welchen Dokumenten haben Sie die Informationen für Ihre Anforderungen hergeleitet? Weiterhin müssen die angegebenen Referenzen und Begriffen des Glossars korrekt und verfolgbar sein.

> Merksatz 9-3
>
> Zur Absicherung der Qualität des Anforderungsdokumentes gibt es fünf Quali-
> tätskriterien: die *Struktur*, die *Eindeutigkeit*, die *Vollständigkeit*, die *Erweiterbarkeit*
> / *Modifizierbarkeit* und die *Verfolgbarkeit*.

9.4 Checklisten

Checklisten sind eine sehr bekannte und im Prinzip einfache Technik, um
Inhalte von Dokumenten und formale Dinge auf ihren aktuellen Zustand
zu überprüfen.

Checklisten kann es schon als fertige Vorlagen geben. Diese können Sie
für Ihre entsprechenden Prüfungen sofort verwenden. Wenn Sie keine
passenden Checklisten zur Verfügung haben, erstellen Sie die Checklisten selbst. Sie können dazu eines der bekannten Programme wie Textverarbeitung oder Tabellenkalkulation verwenden.

> Merksatz 9-4
>
> Eine Checkliste ist eine Liste von einzelnen Punkten oder Fragen. Das Ziel ist
> hier die vollständige Prüfung des aktuellen Zustandes eines Artefakts.

9.5 Beispiel Checkliste Anforderungsspezifikation

Die Vorlage zur formalen Prüfung der Anforderungsspezifikation kann
vom Aufbau her ein Deckblatt sowie Kopf- und Fußzeilen haben, wie Sie
es bei der Vorlage zur Software-Anforderungs-Spezifikation gesehen
haben. Die Checklisten werden als Prüfprotokoll abgespeichert. Als
notwendige Information geben Sie daher noch den Namen des Prüfers,
das Prüfdatum und das Ergebnis der Prüfung sowie die geprüften Artefakte und Ihre Versionen an.

Neben der eigentlichen Fragespalte und der Hinweisspalte können Sie in
der Spalte „ok?" jeweils ja oder nein, symbolisch ein angekreuztes Käst-
chen oder einen Haken einfüllen. Mögliche Fragen zur formalen Prüfung
einer Spezifikation können so formuliert sein:

Beispiel: Checkliste formale Prüfung der Anforderungsspezifikation

Pos	Frage	Hinweise	ok?
1	Ist das Deckblatt korrekt ausgefüllt? Bereiche ②, ③ Produktangaben, Projektangaben, Autor, Version, Datum, Freigabeinformationen		
2	Sind die Angaben in den Kopfzeilen korrekt? Bereich ① Firmenlogo, Titel, Version, Format, Rechtschreibung		
3	Sind die Angaben in den Fußzeilen korrekt? Bereich ④ Dateiname, Datum, Seitenzahlangaben		
4	Ist die Änderungshistorie korrekt gepflegt? Bereich ⑤		
5	Sind die Referenzen korrekt angegeben und vollständig? Bereich ⑥		
6	Sind die Abkürzungen korrekt und vollständig beschrieben? Bereich ⑦		
7	Sind die Begriffe korrekt und vollständig beschrieben? Bereich ⑧		
8	Ist die Rechtschreibung korrekt?		
9	Sind die Grammatik und der Ausdruck formal korrekt?		
10	Ist das Dokument übersichtlich strukturiert?		
11	Ist das Dokument vollständig bezüglich der Beschreibungen und Bilder?		
12	Ist für alle Anforderungen die Identifikation (ID) eindeutig vergeben?		
13	Sind für alle Anforderungen der Name, die Beschreibung, die Version und der Status angegeben?		

10 So formulieren Sie Anforderungen

Sie haben als Dokumentationsform für die Anforderungen einfache Vorlagen und die Anforderungs-Datenbank spezialisierter Werkzeuge kennen gelernt. Der Begriff Erstellen und Aufschreiben ist jedoch noch sehr abstrakt.

Wie genau müssen Sie das *„Aufschreiben und Formulieren"* jetzt umsetzen?

Eine gute Formulierung von Anforderungen trägt maßgeblich zum gemeinsamen Verständnis der Produktanforderungen bei. Schon während der Ermittlung der Anforderungen machen Sie sich eigene Notizen oder der Moderator der Anforderungsermittlung verwendet ein Flipchart zur Dokumentation der besprochenen Punkte.

Die genaue Abfolge, wie Sie von der Ermittlung der Anforderung bis hin zur Formulierung und der Qualitätssicherung der Anforderungen kommen, kann folgendermaßen erfolgen: Sie ermitteln die Anforderungen und schreiben diese „Voranforderungen" als Notizen auf. Dann formulieren Sie die Anforderungsnotizen sauber aus und dokumentieren sie in Ihrer Vorlage oder im Werkzeug.

Für die Formulierung der Anforderungen benötigen Sie jetzt die Kenntnisse von Formulierungsregeln und Formulierungsbauplänen. Des Weiteren ist das Wissen bezüglich der Qualitätskriterien von Anforderungen jetzt schon sehr hilfreich. Sie werden im Kapitel Qualitätsprüfung der Anforderungen u.a. Kriterien wie Vollständigkeit und Prüfbarkeit kennen lernen. Diese Kenntnisse verwenden Sie dann beim Aufschreiben und Formulieren von Anforderungen.

Merksatz 10-1

Eine gute Formulierung von Anforderungen trägt maßgeblich zum gemeinsamen Verständnis der Produktanforderungen bei.

10.1 Anforderungen und Testen

Der Bereich Testen ist auf den ersten Blick kein direktes Thema für die Formulierung von Anforderungen. Im Bereich der Validierung von Anforderungen wird es Qualitäts-Kriterien für Anforderungen geben. Ein Wichtiges ist das Kriterium der Prüfbarkeit. Auf den zweiten Blick betrifft jedoch dieses Kriterium direkt das Thema Anforderungen Formulieren und Testen. Beim Formulieren von Anforderungen trägt das Nachdenken über die Prüfbarkeit bzw. Testbarkeit der Anforderung zur Erhöhung der Qualität der Anforderungen und damit auch der Gesamtqualität des Produkts bei.

Das Erstellen der Testspezifikation während der Erstellung der Anforderungsspezifikation hat den Vorteil, dass Sie sich schon bei der Formulierung der Anforderung Gedanken zur Prüfbarkeit machen. Professionelle AM-Werkzeuge bieten zudem als Funktionalität explizit auch die Verwaltung von Testfällen im Werkzeug mit an. Die Verlinkung von Anforderungen und den zugehörigen Testfällen können Sie im Werkzeug durchführen und erstellen direkt darin die Nachverfolgbarkeit zwischen Anforderungen und Testfällen.

Merksatz 10-2

Die Erstellung der Testspezifikation parallel zur Erstellung der Anforderungsspezifikation erhöht die Qualität der formulierten Anforderungen. In die Anforderungsformulierung fließen direkt die Ergebnisse der Antwort auf die Frage nach der Prüfbarkeit (Testbarkeit) von Anforderungen mit ein.

10.2 Formulieren und Sprache

Das Formulieren der Anforderungen werden Sie größtenteils in Form von Sprache durchführen. Für die Erstellung der Anforderungsspezifikationen sollten Sie nach Möglichkeit Ihre Muttersprache verwenden, da die Erstellung in einer Fremdsprache in aller Regel eine größere Herausforderung ist. Es kann jedoch vorkommen, dass Sie die Anforderungsdokumente und auch alle anderen Entwicklungsdokumente in einer Fremdsprache erstellen müssen, da Sie ein internationales Produkt erstellen. Hier muss Ihre Organisation intern und durch Abstimmung mit dem Kunden festlegen, wie das genau im Ablauf und den Inhalten sein soll. Gibt es jeweils einzelne Dokumente in deutscher und englischer Sprache oder pflegen Sie ein einzelnes Dokument, in dem beide Sprachen gleichzeitig Verwendung finden?

Die Sprache ist mächtig, Sie können viel damit ausdrücken und unterschiedlich formulieren. Ihren Lesern wird so ein entsprechend großer Spielraum bei der Interpretation gegeben. Im Ergebnis können Ihre Formulierungen unterschiedlich verstanden werden.

Neben der eigentlichen Sprache spielen weitere Faktoren eine Rolle: Welche fachliche Rolle hat der Stakeholder? Jemand aus der Qualitätsabteilung sieht die Dinge anders als jemand aus der Entwicklung. Es gibt verschiedene Sichten, Erfahrungen und Erlebnisse, die das Geschriebene auch auf unterschiedliche Arten interpretierbar macht.

Für die Formulierung der Anforderungen gibt es daher einige Regeln und Baupläne, die bei Verwendung zu einer klaren Beschreibung und damit eindeutigen Formulierung beitragen.

10.3 Formulierungsbaupläne

Formulierungsbaupläne sind Vorgaben die zu einfachen Sätzen, die mit Subjekt, Prädikat und Objekt gebildet werden, führen.

Subjekt
Mit dem Subjekt geben Sie an, wer genau etwas machen muss. Die Software, das Produkt, das System, das Steuergerät oder ein Lüfter also das, was Sie in der Anforderung entsprechend benötigen.

Objekt
Mit dem Objekt geben Sie an, auf wen oder was das unter Subjekt genannte Hauptwort einen Einfluss hat.

Prädikat
Mit dem Prädikat geben Sie an, welche genaue Funktion in Form von Tun das Subjekt erfüllen muss. Das kann sein: eine Lampe *ein-* und *ausschalten* oder Nachrichten über ein bestimmtes Bussystem *versenden*.

Muss
Dann benötigen Sie noch ein Wort, welches die Priorität der Anforderung und damit die Wichtigkeit ausdrückt. Mit „*muss*" drücken Sie unmissverständlich aus, dass die formulierte Anforderung und ihr Inhalt unbedingt

so umgesetzt werden muss. Ich favorisiere, aus Gründen der Eindeutigkeit, die möglichst alleinige Verwendung des Wortes „muss". Es ist
absolut verbindlich für die Umsetzung der Anforderung.

soll, sollte, wird, werden, darf, dürfen
Bei der Formulierung der Anforderungen können auch Worte wie *soll,
sollte, wird, werden, darf* und *dürfen* verwendet werden. Mit *soll* und *sollte*
wird ein Wunsch ausgedrückt. Mit *wird* und *werden* wird die Option
ausgedrückt, dass die Anforderungen erst später umgesetzt werden, z.b.
wenn noch Zeit dafür ist.

Darf und *dürfen* können „Umgehungsworte" sein für mögliche Formulierungen, die mit „muss" formuliert „um die Ecke" formuliert sind.

Beispiel:
Sie entwickeln ein Produkt, welches über ein Bussystem im Modus
„Normal" drei Nachrichten Msg1, Msg2 und Msg3 versendet. Für Diag-
nosezwecke gibt es einen Modus „Diagnose", in welchem eben diese drei
Nachrichten nicht versendet werden sollen. Diesen Sachverhalt formulie-
ren Sie als Anforderungen:

ID_010 V1.0 Senden von Nachrichten im Normalzustand.

Im Modus „Normal" müssen die Nachrichten Msg1, Msg2 und Msg3
versendet werden.

ID_020 V1.0 Senden von Nachrichten im Diagnosezustand.

Im Modus „Diagnose" müssen die Nachrichten Msg1, Msg2 und Msg3
nicht versendet werden.

Diese Formulierung mit „müssen" ist so nicht gut formuliert. Besser ist:

Im Modus „Diagnose" dürfen die Nachrichten Msg1, Msg2 und Msg3
nicht gesendet werden.

Dabei nimmt das „dürfen" den verbindlichen Charakter von „muss" an.

Zeitbedingungen
Für die Formulierung von Anforderungen werden Sie Zeitbedingungen
benötigen. Abläufe und Reihenfolgen haben zeitliche Abhängigkeiten.
Die Zeit können Sie in Klartext formulieren: fünf Sekunden oder eine
Stunde. Für die Abläufe verwenden Sie Worte wie *„nach"* und *„nachdem"*.

Beispiel: Zeitbedingungen
Die Lampe muss *nach* einer Sekunde +-10%, *nachdem* der Anwender die Taste S1 gedrückt hat, eingeschaltet werden.

Logik
Für die Formulierung von Logik verwenden Sie Worte *„und"* bzw. *„oder"*.

Beispiel: Logik
Der Ventilator muss ausgeschaltet werden, wenn die Zimmertemperatur kleiner gleich 20 Grad Celsius +-1% ist *und* die Ventilatordrehzahl kleiner als 500 U/min +-10% ist.

10.4 Formulierungsregeln

Neben den Bauplänen für die Formulierung gibt es einige Formulierungsregeln, die damit ebenfalls zur Einfachheit und damit zum Verständnis der Formulierung beitragen.

Merksatz 10-3

Bilden Sie kurze Absätze.

Merksatz 10-4

Formulieren Sie nur eine Anforderung pro Satz.

Folgende Merksätze habe ich als Auszug aus dem Artikel „Anforderungen im Griff" des Autors Dr. Stephan Grünfelder entnommen.

Merksatz 10-5

Schreiben Sie kurze Sätze.

Merksatz 10-6

Begründen Sie Anforderungen.

Merksatz 10-7

Achten Sie auf die Eindeutigkeit des Subjekts.

Merksatz 10-8

Vermeiden Sie Passiv.

Merksatz 10-9

Beschreiben Sie im Text einer Anforderung niemals einen Lösungsweg.

Merksatz 10-10

Schreiben Sie nur exakt testbare Anforderungen.

10.5 Dokumentieren mit Hilfe der UML

Inhalte der Unified Modelling Language (UML) sind gut geeignet, um Anforderungen in Form von Diagrammen zu beschreiben. Durch die UML als standardisierte Modellierungssprache und die heute verfügbaren Werkzeuge können Sie entsprechende Diagramme sehr schnell erstellen. Ein bekanntes Wergzeug ist der Enterprise Architect von Sparx Systems.

10.6 Was genau ist die UML?

Wenn Sie in der Literatur nach einer Erklärung für die Unified Modelling Language suchen, werden Sie hier oft als Erklärung lesen, dass die UML eine Notation für den graphischen Entwurf von Software ist. Die UML ist dabei auch als graphische Notation geeignet, um Strukturen und Abläufe eines ganzen Systems oder Produkts zu beschreiben.

Das Ziel dabei ist, in der für das Produkt ausreichenden Modellierung ein möglichst getreues Abbild der Realität darzustellen und zu beschreiben. Damit ist es heute möglich, aus dem Modell die Software automatisch zu generieren.

Die UML bietet einige Diagramme an, mit denen Sie Abläufe und das Verhalten von Funktionen oder Produktfunktionalitäten modellieren können. Geeignete Darstellungsarten mit Fokus auf die Anforderungsanalyse und das Darstellen von Abläufen und Aktionen in der Anforderungsdokumentation sind: Anwendungsfälle und die drei Diagramme Aktivitätsdiagramm, Zustandsdiagramm und das Sequenzdiagramm.

Ich habe zur Illustration zwei einfache Beispiele beschrieben. Sie haben keinen Anspruch auf Vollständigkeit und zeigen nicht alle möglichen Notationen innerhalb der Diagrammarten. Die dargestellten Abläufe sollen Beispielcharakter haben.

Merksatz 10-11

Mit Elementen der Unified Modelling Language können Anforderungen durch Ergänzung von standardisierten graphischen Elementen wie Zustandsdiagrammen oder Ablaufdiagrammen beschrieben und dokumentiert werden.

In der Praxis wird es vorkommen, dass nicht alle Stakeholder Kenntnisse der UML haben. Die Darstellung der am häufigsten eingesetzten Diagramme wie Anwendungsfalldiagramme oder Aktivitätsdiagramme sind jedoch schnell zu verstehen und die dargestellten Inhalte lassen sich dem Gegenüber auch sehr schnell erläutern.

Den Vorteil eines Standards sollten Sie durchaus nutzen. Mit Elementen der UML können standardisiert und einheitlich auch die Schnittstellen zwischen den einzelnen Entwicklungsbereichen dargestellt werden. Sie tragen damit weiter zu einem einheitlichen Verständnis bei.

Merksatz 10-12

Ein Bild sagt mehr als Tausend Worte.
Quelle: Veröffentlichung von Fred R. Barnard sinngemäßer Werbeslogan 1921

10.7 Beispiele Anwendungsfall- und Aktivitätsdiagramm

Beispiel: Anwendungsfalldiagramm für einen Radio/CD-Spieler
Als einfaches Beispiel für einen Anwendungsfall (use case) habe ich die
Benutzer eines Radio/CD-Spielers dargestellt. Die Basiselemente der
Anwendungsfälle sind die Akteure, die Anwendungsfälle, die System-
grenze und die Interaktionen der Akteure mit den Anwendungsfällen.

Das Symbol eines Dokumentblattes quer mit Eselsohr ist ein UML-Kom-
mentar, den ich mit den Namen der graphischen Notationen gefüllt habe.

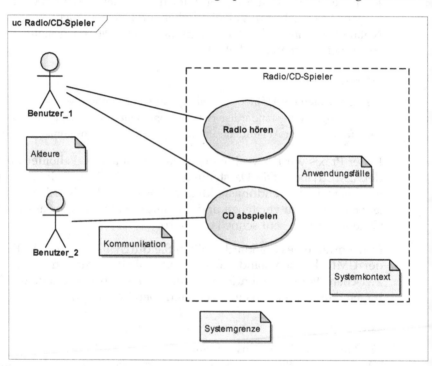

Abbildung 10-1: Anwendungsfalldiagramm

Beispiel: **Aktivitätsdiagramm für einen Spaziergang**
Mit Aktivitätsdiagrammen können Sie logische Abläufe, Prozesse und Arbeitsabläufe darstellen. Basiselemente sind Start und Endeknoten, Aktivitäten und Aktionen sowie Entscheidungen und Zusammenführungen. Das Beispiel selbst ist nicht vollständig, wie gesagt dient es nur der Illustration. Viele weitere mögliche „Vorbereitungsaktionen", vor dem Spazieren gehen, sind hier nicht weiter dargestellt.

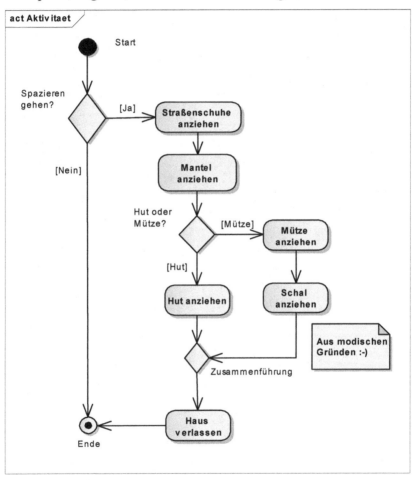

Abbildung 10-2: Aktivitätsdiagramm

11 Wahre Anforderungen – Validierung

Sie haben die Anforderungen ermittelt und durch Anwendung der Formulierungsbaupläne und Formulierungsregeln aufgeschrieben. Sie ergänzten sie mit Standard-Elementen der Unified Modelling Language mit Diagrammen und dokumentierten die Anforderungen in den Anforderungsspezifikationen.

Validieren bedeutet: zu prüfen, ob alle Anforderungen auch so formuliert und dokumentiert sind, wie der Kunde und die eigene Organisation das haben wollte.

Merksatz 11-1

Validierung bedeutet die Beantwortung der Frage: „Bauen Sie das richtige Produkt?"

Vergleichen Sie das mit Themen aus dem Alltag: sind Sie schon einmal in der glücklichen Lage gewesen, ein Auto oder eine eigene Wohnung zu kaufen? Für den Erwerb haben Sie sicher Träume geträumt, sich viele Gedanken gemacht und Diskussionen geführt. Bei der Auswahl eines neuen Autos werden Sie sich zuvor die Frage gestellt haben, wie denn das Auto wohl aussehen könnte. Soll es ein kleines, schnuckeliges Auto sein oder ein Mittelklassewagen.

Haben Sie den Bau einer kleinen Gartenhütte beauftragt und bekommen eine Hundehütte, wird die Validierung fehlschlagen. Es wurde für Sie das falsche Produkt gebaut.

11.1 Ziele der Validierung

Das Ziel der Validierung ist die Überprüfung der Frage *„Bauen Sie das richtige Produkt"*. Das beinhaltet auch die Prüfung bezüglich der gesetzten Qualitätsziele. Sie prüfen die Einhaltung bestimmter Vorgaben und Kriterien an die Qualität. Damit sichern Sie die Qualität für Ihr Produkt ab. Ein weiteres Ziel der Validierung von Anforderungen und Dokumenten ist die Freigabe der Anforderungen durch den Kunden und Ihrer

Organisation. Diese Absicherung ist wichtig, da die Anforderungen die
Basis für das weitere Vorgehen und die Erzeugung von darauf folgenden
Arbeitsergebnissen ist. Arbeiten Sie mit nicht freigegebenen Anforderungen, kann es sein, dass Sie Artefakte nicht abgenommen bekommen
(Abnahmetest) und Zusatzaufwände bei der nachträglichen Korrektur
entstehen. Die Ergebnisse der Validierung müssen Sie dokumentieren
und entsprechend in Ihrer Produktstruktur ablegen. Ergebnisse sind
ausgefüllte Checklisten und ausgefüllte Reviewprotokolle. Die entsprechende Dokumentation eines Reviews ist für die Qualitätssicherung und
für mögliche Verbesserungs- und Korrekturschritte notwendig.

11.1.1 Qualitätssicherung

Sie müssen absichern und gewährleisten, dass die Anforderungen den an
sie gesetzten Qualitätskriterien gemäß IEEE Std 830-1998 wie Vollständigkeit und Prüfbarkeit genügen. Durch dieses Prüfen und Sicherstellen
sinkt das Risiko, dass vergessene, falsche oder missverstandene Anforderungen zu Qualitätseinbußen führen. In der Praxis heißt das: Das
Produkt hat nicht alle gewünschten oder es beinhaltet überflüssige Funktionen. Eine Überarbeitung und Korrektur kann für Sie, Ihre Organisation oder Kunden und Lieferanten später viel Nacharbeit bedeuten und es
entstehen zusätzliche Kosten.

11.1.2 Freigabe

Die Validierung der Anforderungen und Ihrer Dokumente muss zu
korrekten und vollständigen Anforderungsdokumenten im Sinne der
Kriterien aus der IEEE Std 830-1998 führen. Verglichen mit beispielsweise
dem Bau eines eigenen Hauses, gibt es Pläne, die abgestimmt und von
Ihnen freigegeben werden müssen. Sie stimmen den Inhalten Ihrer Ver-
träge und Pläne (Spezifikationen) zu. In verschiedenen Etappen, aber
spätestens bei Übernahme des Hauses und im beruflichen Fall, der Abnahme des Produkts vom Kunden, erfolgt ein Abgleich zwischen Soll-
und Istzustand.

Abgestimmte und damit freigegebene Anforderungen sind die Basis für
das weitere Vorgehen. Formal muss der Kunde alle diese Dokumente
durch Unterschrift freigeben. Das ist ein weiteres Ziel, das die Validierung erreichen soll.

Denkbar und auch praktiziert wird die Teilfreigabe. Damit gibt der Kunde nur einen Teil der Anforderungen frei. Das entsprechende Attribut „Status" muss für genau diese Anforderungen gepflegt werden.

Merksatz 11-2

Ein wichtiges Ziel der Validierung ist die Überprüfung der Qualitätskriterien und damit das Sicherstellen der Qualität des Produkts.

11.2 Qualitätssicherung der Anforderungen

Sie stellen die Qualität Ihrer Anforderungen sicher, indem Sie für eine gute Qualität entsprechend der drei Aspekte *Dokumentation, Inhalt* und *Abgestimmtheit* sorgen.

Dokumentation
Aspekte der Dokumentation und mögliche Fehler können Verletzungen von Dokumentationsvorschriften oder unverständliche Beschreibungen sein. Prüfkriterien dazu sowie eine Checkliste zur formalen Prüfung haben Sie im Kapitel Beispiel Checkliste Anforderungsspezifikation kennen gelernt.

Inhalt
Zu den Aspekten des Inhalts gehört zuerst die Vollständigkeit: Sind alle Anforderungen vollständig beschrieben? Ein weiterer Prüfpunkt bei der Validierung ist die Korrektheit der Anforderungen.

Abgestimmtheit
Der Aspekt Abgestimmtheit betrifft die Einigkeit aller Stakeholder bezüglich der formulierten Anforderungen. Widersprüche und Konflikte zwischen Stakeholdern und Anforderungen müssen aufgelöst werden.

Merksatz 11-3

Das Sicherstellen der Qualität Ihrer Anforderungen erreichen Sie durch eine gute Qualität der Aspekte *Dokumentation, Inhalt* und *Abgestimmtheit*.

11.3 Prüfungsprinzipien

Bevor Sie die Anforderungen und ihre entsprechenden Dokumente prüfen, müssen Sie die folgenden *sechs Prinzipien* der Anforderungsüberprüfung beachten. Mit Beachtung der Prinzipien werden Sie die Qualität der Ergebnisse verbessern.

– Beteiligen Sie die richtigen Stakeholder an der Prüfung
– Trennen Sie die Fehlersuche von der Fehlerkorrektur
– Prüfen Sie aus unterschiedlichen Perspektiven
– Wechseln Sie in eine geeignete Dokumentationsform
– Konstruieren Sie Entwicklungsartefakte
– Führen Sie wiederholte Prüfungen durch

Beteiligen Sie die richtigen Stakeholder an der Prüfung

Die Auswahl der richtigen Stakeholder ist auch bei der Validierung der Anforderungen von Bedeutung. Wählen Sie sie mit Bedacht aus.

Trennen Sie die Fehlersuche von der Fehlerkorrektur

Dieses Prinzip bedeutet für Sie, dass Sie die Fehlersuche und die Fehlerkorrektur nicht gleichzeitig durchführen sollen, sondern in zwei Durchgänge aufteilen. Zuerst konzentrieren Sie und das Prüfungsteam sich auf die Fehlersuche und dokumentieren die vermeintlichen Fehler. Dann führen Sie in einem zweiten Durchgang eine Bewertung der gefundenen Fehler und eine mögliche Fehlerkorrektur durch.

Prüfen Sie aus unterschiedlichen Perspektiven

Die Idee dieses Prinzips liegt darin, die Anforderungen aus unterschiedlichen Perspektiven von unterschiedlichen Stakeholdern zu betrachten und damit prüfen zu lassen. Das können zum Beispiel die Mitarbeiter aus unterschiedlichen Fachbereichen sein.

Wechseln Sie in eine geeignete Dokumentationsform

Dieses Prinzip basiert darauf, dass Anforderungen, die mit Text formuliert und bei Bedarf mit einer Grafik beschrieben sind, in die jeweils andere Beschreibungsform umgewandelt werden. Das Ziel soll sein, Fehler leichter zu finden, weil damit ein anderes, besseres Verständnis der beschriebenen Funktionalität erreicht wird. Versuchen Sie dabei, den formulierten Text mit einer Grafik zu beschreiben und darzustellen.

Beschreiben Sie umgekehrt eine Grafik mit Worten. Sie bekommen damit ein Gefühl, ob der Text und die Grafik richtig verstanden wurde.

Konstruktion von Entwicklungsartefakten

Der Ansatz dieser Prüftechnik ist die intensive Beschäftigung der Prüfer mit den Anforderungen. Sie entwickeln daraufhin die folgenden Artefakte voraus. Ziel ist es, dadurch Fehler in den entsprechenden Anforderungen zu finden.

Wiederholte Prüfung

Im Laufe der Produktentwicklung werden die Stakeholder bezüglich des Produkts immer mehr Wissen aufbauen. Anfangs formulierte Anforderungen, die die Prüfer als so „ok" angesehen haben, müssen das später nicht mehr sein. Die Anforderungen können sich verändert haben. Eine erneute Prüfung der Anforderungen kann daher hilfreich und sogar notwendig sein.

11.4 Prüftechniken

Wenn Sie Dokumente und Anforderungen intern in Ihrer Organisation auf Qualität und auch formale Punkte prüfen, benötigen Sie entsprechende Werkzeuge und Techniken dafür. Formale Prüfungen können sein: Rechtschreibung, Grammatik und Ausdruck.

Es gibt in der Praxis eine Reihe von Prüftechniken und entsprechende Hilfsmittel zur Durchführung. Die Techniken unterscheiden sich im Aufwand der Vorbereitung, Durchführung und Nacharbeit sowie in der Anzahl der Personen, die daran teilnehmen. Die Auswahl der entsprechenden Prüftechniken und der Hilfsmittel ist abhängig von den Organisationszielen und der aktuellen Entwicklungsphase. Zur Übersicht stelle ich Ihnen die möglichen Prüftechniken im Folgenden vor.

Stellungnahme

Bei der *Stellungnahme* nimmt eine andere Person als der Autor, zum Beispiel jemand Ihrer Arbeitskollegen, Stellung zu den Anforderungen. Dabei überprüft er bestimmte oder alle Qualitätskriterien auf ihre Qualität hin. Die Ergebnisse werden dokumentiert, mit Ihnen durchgesprochen und danach die Befundkorrekturen in das Dokument eingepflegt.

Inspektion

Bei einer *Inspektion* werden die Artefakte, in unserem Kontext die Anforderungen und Ihre entsprechenden Dokumente, inspiziert. Das gemeinsame Ziel der Inspektion ist das Finden von Fehlern und Unstimmigkeiten in den Anforderungen. Der Umfang und Aufwand einer Inspektion ist in der Regel sehr groß. Die Inspektion wird geplant und vorbereitet. Es sind auch mehrere Personen mit ihren speziellen Rollen an der Inspektion beteiligt: Autor, Moderator, Protokollführer und die Inspizierenden selbst. Die Ergebnisse der Inspektion werden dokumentiert und die Fehler danach entsprechend beseitigt.

Walkthrough

Bei der Technik *Walkthrough* gehen Sie mit einem Stakeholder zum Beispiel Ihrer Fachabteilungen zusammen die Anforderungen durch, um Fehler und verletzte Qualitätskriterien in den Anforderungen zu finden.

Der Rahmen und Aufwand ist geringer als bei der Inspektion. Das Durchgehen durch die Anforderungen ist geplant und vorbereitet. Der oder die gewählten Stakeholder prüfen die Anforderungen vor der gemeinsamen Durchsprache. Die Fehler werden auch hier dokumentiert und festgehalten.

Prototypen

Ein *Prototyp* ist ein realer Aufbau Ihres Produkts. Dabei werden Teile der Anforderungen umgesetzt, die durch den Prototyp und seine Verwendung auf Ihre Qualität und Nützlichkeit geprüft werden. Die Vorteile liegen auf der Hand beziehungsweise vor Ihnen: die Prüfer „arbeiten" wirklich am Produkt und können Aussehen, Funktion und das Verhalten des Produkts erleben. Aus Erfahrungen der Praxis muss ich Sie hier auf zwei ganz wichtige Punkte zum Prototypen hinweisen: Erstens kann der Aufbau eines Prototypen sehr aufwendig sein. Das schlägt sich für Sie in Zeitaufwand und Kosten nieder. Zweitens erweckt ein Prototyp, vor allem dann, wenn Sie ihn Ihrem Kunden vorgestellt haben, den Eindruck, dass Sie mit Ihrer Produktentwicklung schon fast fertig sind. Das Produkt ist aus Sicht des Kunden schon fast „in Serie". In Wirklichkeit ist aber dazu noch einiges an Aufwand und Zeit zu investieren.

Checklisten

Checklisten sind eine Zusammenfassung von Fragen, die Sie als Richtlinien oder Leitfaden bei der Prüfung Ihrer Anforderungen und der Dokumente verwenden können. Sie sind mit entsprechendem Fachwissen einfach zu erstellen und die Antworten auf die Checklistenfragen können ganz einfach mit „ja" oder „nein" beantwortet werden. Achten Sie bei der Formulierung der Fragen bitte auf eine eindeutige Formulierung, damit Sie keinen Interpretationsspielraum bieten.

Merksatz 11-4

Wichtige Prüftechniken der Qualität sind: Stellungnahme, Inspektion, Walkthrough, Prototypen und Checklisten.

11.5 Qualitätsprüfung der Anforderungen

Zur Prüfung der inhaltlichen Qualität der einzelnen Anforderungen und der Anforderungen im Verbund gibt es abgeleitet und angelehnt an die IEEE Std 830-1998 Qualitätskriterien für Anforderungen. Das sind namentlich die folgenden Qualitätskriterien:

Vollständig

Ist die Anforderung vollständig spezifiziert?
Jede Anforderung für sich muss die geforderte Funktionalität vollständig im Sinne von komplett beschreiben. Damit erreichen Sie, dass alle Stakeholder ein gemeinsames Verständnis erlangen, dass möglichst lückenlos sein soll.

Korrekt

Ist die richtige Anforderung beschrieben?
Eine Anforderung ist dann richtig oder korrekt, wenn sie die Funktion oder Eigenschaft beschreibt, die das Produkt auch erfüllen soll. Sie drückt damit den Wunsch des Kunden beziehungsweise der entsprechenden Stakeholder aus.

Konsistent

Ist die Anforderung frei von Widersprüchen?
Jede Anforderung soll gegenüber anderen Anforderungen und in sich selbst konsistent und widerspruchsfrei sein.

Testbar

Ist die Anforderung testbar?
Eine Anforderung muss testbar sein mit dem Ziel, durch einen Test oder durch Testfälle nachweisen zu können, ob das zu entwickelnde Produkt die Anforderung auch wirklich erfüllt. Das Wissen um dieses Kriterium wird die Qualität der Anforderungen und Ihrer Dokumente erhöhen.

Verständlich

Ist die Anforderung verständlich?
Die Anforderungen sollen für alle Stakeholder verständlich sein. Mögliche Techniken sind Formulierungsbaupläne, Regeln zur Formulierung und die Verwendung der Standards aus der Unified Modelling Language.

Bewertet

Ist die Anforderung in ihrer Priorität bewertet?
Eine Anforderung ist bewertet, wenn sie bezüglich ihrer Priorität bewertet wurde. Die Priorität sagt etwas aus über die Wichtigkeit, mit der die Anforderung umgesetzt werden muss.

Abgestimmt

Ist die Anforderung abgestimmt?
Eine Anforderung ist abgestimmt, wenn sie mit allen relevanten Stakeholdern abgestimmt wurde und so für alle Stakeholder „ok" ist.

Eindeutig

Ist die Anforderung eindeutig?
Eine Anforderung ist dann eindeutig, wenn Sie von allen Stakeholdern nur auf genau eine Art verstanden wird. Durch die eindeutige Formulierung der Anforderung darf es nur eine Interpretation ergeben. Eine gute Basis dafür ist ein professionelles Glossar, welches alle verwendeten Begriffe beschreibt und damit das einheitliche Verständnis herstellt.

Realisierbar

Kann die Anforderung realisiert werden?
Eine Anforderung ist dann realisierbar, wenn sie aufgrund der Projektplanung für den Ressourcenaufwand und die geschätzten Zeitaufwände sowie der Randbedingungen technisch und fachlich umgesetzt werden kann.

Verfolgbar

Ist die Anforderung verfolgbar?
Eine Anforderung ist dann verfolgbar (nachvollziehbar), wenn die Quelle der Anforderung bekannt und verfolgbar ist. Zusätzlich müssen abgeleitete Artefakte, in welchen die Anforderung umgesetzt sind, ebenfalls nachvollziehbar sein. Der AM Fachbegriff hierfür ist die bidirektionale Traceability, die im Kapitel Nachverfolgbarkeit näher erklärt wird.

Merksatz 11-5

Qualitätskriterien für Anforderungen sind: vollständig, korrekt, konsistent, testbar, verständlich, bewertet, abgestimmt, eindeutig, realisierbar und verfolgbar.

11.6 Abstimmen der Anforderungen

Nachdem Sie die Qualitätsaspekte und die entsprechenden Prüfkriterien sowie die Prinzipien und Techniken zur Prüfung der Anforderungen erledigt haben, müssen Sie die Anforderungen abstimmen. Die klare Trennung zwischen Abstimmen, Prüfen oder dem Validieren ist inhaltlich nicht immer klar geschnitten. Auch im Bereich der Abstimmung ist das Ziel: die Einigung mit den Stakeholdern bezüglich aller Anforderungen. Damit wird das gleiche und gemeinsames Verständnis für die Produktanforderungen erreicht.

11.6.1 Umgang mit Konflikten

Die Hauptaufgabe bei der Abstimmung von Anforderungen ist der Umgang mit Konflikten. Die Aufgaben sind: Konfliktidentifikation, Konfliktanalyse, Konfliktauflösung und die Dokumentation von Konfliktlösungen. Es geht im Verlauf der Abstimmung darum, verschiedenste Typen von Konflikten wie Sach-, Interessen oder Beziehungskonflikte aufzulösen. Um diese Konflikte aufzulösen, gibt es eine Reihe von Techniken. Die bekanntesten Konfliktlösungstechniken sind: die Einigung, der Kompromiss, die Abstimmung und die Ober-Sticht-Unter Technik.

11.7 Verifikation von Anforderungen

Bei der Verifikation von Anforderungen prüfen Sie gegen die Spezifikation. Alle Anforderungen müssen so umgesetzt sein, wie sie in der Spezifikation angegeben und formuliert sind.

Merksatz 11-6

Verifikation bedeutet die Beantwortung der Frage: „Bauen Sie das Produkt richtig?". Verifizieren bedeutet, die Richtigkeit nachweisen.

Im Bereich der Verifikation und der unterschiedlichen Fachbereiche gibt es verschiedene Tests und Testarten, die entsprechend der aktuellen Situation und Produktentwicklungsphasen durchgeführt werden müssen. Mit direktem Fokus auf AM und in direkter Verbindung mit den Anforderungen gibt es Tests wie den *Systemtest*, den *Abnahmetest* und den *Änderungstest*.

Systemtest
Mit einem Systemtest (Produkttest) überprüfen Sie, ob alle Anforderungen aus der Spezifikation im Produkt korrekt umgesetzt sind. Der Systemtest nimmt die Perspektive des Anwenders und des Kunden ein.

Abnahmetest
Der Abnahmetest wird zusammen mit dem Kunden oder Anwender durchgeführt. Zur erfolgreichen Abnahme muss der Kunde dabei allen Abnahmekriterien zustimmen, er muss sie akzeptieren. Für die konkrete Abnahme können Abnahmekriterien zur Funktion, zur Benutzbarkeit oder die Prüfung auf Erfüllung vertraglicher Abmachungen nachgewiesen werden.

Änderungstest
Wenn sich Anforderungen geändert haben und die Änderungen im Produkt und seinen betroffenen Artefakten eingeflossen sind, müssen Sie erneut getestet werden. Sie müssen prüfen, ob noch alles so funktioniert wie erwartet. Dabei werden bei dieser Testart explizit nur alle Bereiche getestet, die von der Änderung direkt betroffen sind.

12 Nachverfolgbarkeit

Mit der Nachverfolgbarkeit erstellen Sie Informationen, die Angaben zu den Quellen der Anforderungen und die Ziele zu nachfolgenden Artefakten dokumentieren. Die Nachverfolgbarkeit ist der Bereich im AM, der u.a. für die Pflege und Verwaltung von Anforderungen benötigt wird. Diese Verfolgbarkeitsinformationen können Sie im AM-Werkzeug als Verknüpfungen und Referenzen anlegen oder in einer eigenen Datei als Textinformation eintragen. Die Quellen der Anforderungen geben an, aus welchen Dokumenten und welchen Textstellen Sie Ihre formulierten Anforderungen abgeleitet haben. Das Ziel gibt an, in welchen Artefakten Ihre Anforderungen umgesetzt sind. Die Nachverfolgbarkeit soll in beide Richtungen umgesetzt werden. Das bedeutet, von Ihren Anforderungen aus kann zu den Quellen verfolgt werden und von den Artefakten zurück zu Ihren Anforderungen. Diese Nachverfolgbarkeit in beide Richtungen wird bidirektionale Nachverfolgbarkeit genannt.

Für den Begriff der Nachverfolgbarkeit werden auch die Synonyme „Verfolgbarkeit", „Nachvollziehbarkeit" und „Traceability" verwendet.

Merksatz 12-1

Die Spuren (Traces) zu Ihren Anforderungen (Quellen) und von Ihren Anforderungen in die unterschiedlichen Artefakte (Ziele) müssen nachverfolgbar sein. Die Nachverfolgbarkeit muss in beide Richtungen – zu den Quellen und Zielen – erstellt werden. Der Fachbegriff dafür ist die bidirektionale Nachverfolgbarkeit (Traceability).

Beispiel

Gegeben seien die Anforderungen Ihres Kunden als Auftraggeber dokumentiert in seinem Lastenheft. Sie als Auftragnehmer erstellen daraus das Pflichtenheft, in dem Sie beschreiben, wie Sie die Anforderungen Ihres Kunden umzusetzen gedenken. Hat der Kunde den Auftrag an Ihre Organisation vergeben, entstehen in den Fachbereichen Spezifikationen, Schaltungen, Layouts und ganze Baugruppen, Softwareartefakte, Konstruktionsartefakte und weitere Dokumente für die Produktentwicklung.

Sie haben jetzt drei Dokumente: das Lastenheft, das Pflichtenheft und die Software-Anforderungs-Spezifikation. Als Entwicklungsartefakt gibt es den Hardware-Schaltplan. Aus diesem wird eine Baugruppe entstehen. Die Baugruppe hat als Kernbauteil einen Mikrocontroller, der die Software für das Produkt ausführen wird. Die Nachverfolgbarkeitspfeile sollen unterschiedlichen Spuren (Traces) vom Lastenheft bis in die Software anzeigen.

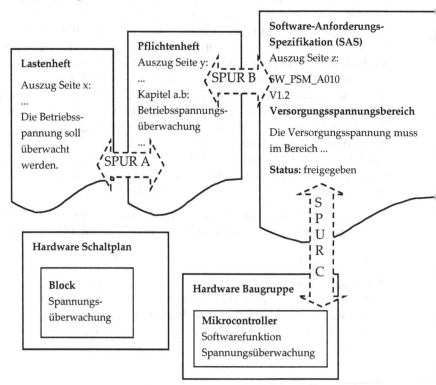

Abbildung 12-1: Nachverfolgbarkeitsspuren

Spur A
Diese Spur der Anforderungen im Pflichtenheft haben ihre Quelle im Lastenheft. Damit können Sie: Zum einen nachvollziehen, ob und wo die Anforderungen vom Lastenheft im Pflichtenheft übernommen wurden. Zum anderen können Sie bestimmen, woher die Anforderungen aus Ihrem Pflichtenheft genau herkommen.

Spur B
Aus Ihrem Pflichtenheft entstehen fachspezifische Spezifikationen. Quelle und Ziel können in beide Richtungen (bidirektional) verfolgt werden. Aus dem Kapitel Betriebsspannungsüberwachung des Pflichtenheftes entstehen hier eine oder mehrere Anforderungen in der Software-Spezifikation.

Spur C
Die Spur C führt von Ihrer Spezifikation in das Artefakt Software. Die Anforderungen aus der Software-Anforderungs-Spezifikation werden in Software als Funktionalitäten umgesetzt. Das können Softwaremodule mit ihren Softwarefunktionen sein. Von den einzelnen Software-funktionen müssen Sie zur Nachverfolgbarkeit wieder zurück zu den Anforderungen kommen.

Die Entwicklungsphase Design habe ich der Einfachheit halber weggelassen. Sie muss zwischen der Anforderungs-Spezifikation und der Umsetzung (Implementierung) liegen.

Dann müssen Sie eine Hardware-Anforderungs-Spezifikation erstellen, die die Anforderungen an die Hardware beschreibt. Von dieser Spezifikation kommen Sie zum Schaltplan. Aus dem Schaltplan entsteht ein so genanntes Layout (Leiterplatte), das die Bauelemente verbindet. Auch hier müssen Sie die Nachverfolgbarkeit umsetzen.

12.1 Warum müssen Sie Nachverfolgbarkeit realisieren?

Sie benötigen die vollständige Nachverfolgbarkeit, um die Qualität Ihres Produkts abzusichern. Wichtige Themen in diesem Zusammenhang sind: die Validierung und die Wiederverwendbarkeit von Anforderungen. Durch die Nachverfolgbarkeit legen Sie auch die Basis für Analysen. Eine davon ist die Einfluss-Analyse. Mit dieser Analyse ermitteln Sie den

Einfluss auf andere Anforderungen und Artefakte, wenn Sie eine oder mehrere Anforderungen ändern.

Merksatz 12-2

Nachverfolgbarkeit ist eine wichtige Basis für die Qualitätssicherung und für Analysen, wie zum Bespiel die Einfluss-Analyse.

12.1.1 Qualitätssicherung

Bei der Qualitätssicherung ist die Nachverfolgbarkeit eine notwendige Bedingung, um prüfen zu können, ob wirklich alle Anforderungen umgesetzt und ob sie korrekt umgesetzt sind. Im Bereich der Qualitätssicherung müssen Sie die Frage *„Wie stellen Sie sicher, dass ..."* in mehreren Bereichen beantworten können. Gerade in sicherheitskritischen Bereichen in denen ein Ausfall eines Systems oder Produkts Menschenleben gefährden kann, ist der Nachweis einer korrekten Nachverfolgbarkeit zwingend erforderlich.

Die Fragen, die Ihnen zu den Anforderungen gestellt werden können, sind folgende:

– „Wie stellen Sie sicher, dass alle Anforderungen umgesetzt sind?"
– „Wie stellen Sie sicher, dass die richtigen Anforderungen umgesetzt sind?"
– „Wie stellen Sie sicher, dass die Anforderungen korrekt umgesetzt sind?"

Zur Beantwortung der Fragen müssen Sie wissen, wo genau die Anforderungen umgesetzt sind bevor Sie sagen können, ob das die richtigen und die korrekt umgesetzten Anforderungen sind. Sie müssen nachvollziehen können, woher die Anforderungen kommen. Dazu benötigen Sie Referenzen auf die Anforderungen in den Anforderungsdokumenten (Spezifikationen, Lastenhefte, Pflichtenhefte) und auf mitgeltende Unterlagen wie Normen. Erst mit diesen Informationen können Sie die Fragen beantworten.

Beispiel

Sie müssen sicherstellen, dass alle Anforderungen umgesetzt sind. Aus Ihrer Anforderungs-Datenbank können Sie durch die Sicht auf alle Anforderungen mit dem Attribut „Status umgesetzt" sehen, welche Anfor-

derungen Sie aktuell schon umgesetzt haben. Über die Nachvollziehbarkeit kennen Sie die zu den Anforderungen gehörenden Testfälle. Damit können Sie alle notwendigen Testfälle durchführen und so
die Umsetzung der Anforderungen absichern.

12.1.2 Einfluss-Analyse

Die Einfluss-Analyse ist ein wichtiges Hilfsmittel, um z.b. bei Änderungen von Anforderungen den Einfluss auf andere Anforderungen
und abgeleitete Artefakte zu ermitteln. Die AM-Werkzeuge bieten diese
Funktionalität an.

Die Einfluss-Analyse wird auch Auswirkungs-Analyse oder Impact-
Analyse genannt. Formal ins Deutsche übersetzt bedeutet Impact sowohl
Einfluss als auch Auswirkung. Ich finde den Begriff Einfluss passender,
da mit dieser Analyse die Einflüsse auf betroffene Artefakte ermittelt
werden. Die Auswirkungen davon – beispielsweise die Auswirkung
einer Änderung in der Software auf Qualitätsmerkmale wie Laufzeit –
sind dabei so noch nicht eindeutig zu ermitteln.

Beispiel: Wahre Begebenheit aus der realen AM-Welt:
Aufgrund eines Anrufs des Kunden wurde eine Anforderungsänderung
gewünscht. Dieser Änderungswunsch betraf einen Bereich aus der Software. Der das Produkt betreuende Entwickler hatte nach kurzer Sichtung
die Aussage gemacht, das habe er in einer halben Stunde umgesetzt. Die
tatsächlichen Änderungsumfänge lagen im Zeitaufwand am Ende jedoch
bei dreißig Stunden.

Was war passiert, was hatte er übersehen?

Neben der eigentlichen Änderung der Software (Implementierung)
wurden die Tätigkeiten für die Planung, die Anpassungen der Dokumente, die Testaktivitäten und die Zeiten für Unvorhergesehenes sowie
Auswirkungen auf andere Softwaremodule nicht beachtet. Folgende
Tätigkeiten waren für die Änderung notwendig: Anpassen der Dokumente Anforderungsspezifikation, Testspezifikation und Designspezifikation. Einpflegen der neuen Anforderungen und ihrer Attribute. Abstimmen und validieren der neuen Anforderungen. Freigabe durch den
Kunden. Durchführung des Systemtests. Reviewtätigkeiten auf die
geänderten Artefakte. Aktualisierung der Releaseplanung.

Eine korrekt erstellte Nachverfolgbarkeit hätte die Sicht auf die abhängigen Anforderungen und die Artefakte gezeigt. Damit wäre eine bessere Abschätzung der Aufwände möglich gewesen. Der Einfluss der Änderung auf andere Anforderungen und damit der Einfluss auf andere Software Module wäre ebenfalls „sichtbar" geworden.

Merksatz 12-3

Die notwendige Voraussetzung für ein aussagekräftiges Ergebnis der Einfluss-Analyse ist eine lückenlose und korrekt erzeugte Nachverfolgbarkeit.

Beispiel: **Einfluss-Analyse und Änderungs-Anfrage-Formular**
Mit Hilfe der Einfluss-Analyse wird bei Änderungsanfragen eine Analyse durchgeführt. Diese Analyse zeigt, welche Anforderungen, Testfälle und sonstige Artefakte von der Änderung betroffen sind. Die Ergebnisse der Analyse werden dann in einem Änderungs-Anfrage-Formular dokumentiert. Das Beispiel dazu finden Sie im Kapitel Änderungsmanagement.

12.1.3 Wiederverwendung

Für die Wiederverwendung von Anforderungen ist die Nachverfolgbarkeit nützlich für Sie. Es wird damit verständlich angezeigt, welche Anforderungen, Testfälle und Funktionen zusammengehören. Diese „Pakete" können Sie für die nächste Produktentwicklung übernehmen. Hier können Sie auch den Strukturvorteil nutzen. Haben Sie Ihre Anforderungen schon in funktionalen Blöcken strukturiert, wissen Sie genau, was zusammengehört.

12.2 Was müssen Sie für die Nachverfolgbarkeit machen?

Die Umsetzung der Nachverfolgbarkeit können Sie mit Referenzen, Querverweisen und Verknüpfungen umsetzen. Sie haben alle Anforderungen aus den Lastenheften, den Pflichtenheften, Ihren Spezifikationen und der mitgeltenden Unterlagen in Ihrem AM-Werkzeug integriert oder darin erstellt. Dann können Sie sehr einfach über ein Menü oder das Kontextmenü des Werkzeugs die Verknüpfungen direkt setzen. Dazu benötigen Sie unbedingt die eindeutige Identifikation jeder Anforderung.

Neben den Anforderungen können Sie in den meisten Werkzeugen auch Testfälle oder andere Objekte pflegen. Diese bekommen auch jeweils eine eindeutige Identifikation. Somit können Sie zum Beispiel der Anforderung mit der ID SW_PSM_010 die Testfall ID TF_PSM_010 zuweisen. Somit sind diese beiden verbunden und Sie haben sie zusammengehörig und nachvollziehbar gekennzeichnet.

Ein großer Vorteil der Werkzeuge ist jetzt: Diese von Ihnen gesetzten Verbindungen können in Form einer Nachverfolgbarkeits-Matrix (Traceabilitymatrix) oder in Form eines Nachverfolgbarkeitsgraphen (Graphische Darstellung der Abhängigkeiten) angezeigt werden.

Wenn Sie kein Werkzeug haben und alle Ihre Dokumente in einer Ordnerstruktur abgelegt sind, werden Sie die Nachverfolgbarkeit selbst mit einem zusätzlichen Dokument realisieren müssen. Für jede Anforderung aus Ihren Spezifikationen müssen Sie Angaben zu den Quellen und den Zielen angeben. Ein Beispiel für diese Vorlage finden Sie gleich in diesem Kapitel als Anforderungs-Nachverfolgbarkeits-Matrix.

Merksatz 12-4

Zur Umsetzung der Nachverfolgbarkeit müssen alle Anforderungen, Testfälle und Objekte eine eindeutige Identifikation bekommen.

Bei Produkten mit sehr vielen Anforderungen und Testfällen können auch sehr viele Verknüpfungen und Abhängigkeiten entstehen. Das kann später dazu führen, dass die Menge an Verknüpfungen kaum sinnvoll gepflegt und aktuell gehalten werden können. Die Nachverfolgbarkeit basiert auf korrekten und aktuellen Verknüpfungen. Überlegen Sie sich, welche Spuren Sie wirklich benötigen.

Merksatz 12-5

Nachverfolgbarkeit ist nur dann effektiv, wenn die Verknüpfungen gepflegt und auch auf aktuellem Stand gehalten werden.

12.3 Tipps zur Nachverfolgbarkeit

Zur Umsetzung der Nachverfolgbarkeit abschließend noch ein paar Tipps in den Bereichen: Fragen, Struktur und Richtlinien.

Fragen

Setzen Sie die Verknüpfungen bewusst ein und verwenden Sie nur wichtige, später auch brauchbare Verknüpfungen. Stellen Sie sich dazu die folgenden Fragen:

- Welche Nachverfolgbarkeits-Spuren (Traces) brauche ich wirklich?
- Habe ich ein Werkzeug zur Verfügung oder erzeuge ich die Nachverfolgbarkeit in einer eigenen Datei?
- Welche Mitarbeiter sollen die Verknüpfungen pflegen und wie genau sollen sie das machen?
- Mit welchem Umfang sollen sie das machen?

Struktur

Weitere Hilfsmittel zur Unterstützung der Nachverfolgbarkeit sind gut durchdachte Strukturen. Das gilt sowohl für die Strukturen in den Dokumenten als auch bei den Strukturen für die Dateiablage.

Beispiel

Sie setzen die Funktionalität Spannungsüberwachung um und benennen die Funktionsblöcke in Ihren Spezifikationen genauso. Durch den gleichen Namen wird die Nachverfolgbarkeit einfacher, da Sie damit eine Zusammengehörigkeit schon im Namen angelegt haben. In diesem Block Spannungsüberwachung strukturieren Sie alle dazugehörigen Anforderungen.

Richtlinien

In der Praxis können Richtlinien die Nachverfolgbarkeit zusätzlich unterstützen. Im Bereich der Softwareimplementierung gibt es Softwaredesignvorgaben und Kodierrichtlinien. Diese Richtlinien beschreiben Vorgaben für die Bildung und Benennung von Modul- und Funktionsnamen. Als Funktionalität für die Spannungsüberwachung schreiben Sie PSM = PowerSupplyMonitoring als Namen vor. Alle Anforderungen der Software bezüglich der Spannungsüberwachung liegen dann unter der PSM-Struktur. Sie können damit unter diesem Namen in den Dokumenten und Artefakten die Anforderungen und deren Umsetzung einfacher nachverfolgen.

12.4 Beispiel Anforderungs-Nachverfolgbarkeits-Matrix

Die Abbildung zeigt Ihnen eine mögliche Umsetzung einer Nachverfolgbarkeits-Matrix mit Einfach-Werkzeugen in Form einer Tabelle. Die formalen Angaben und Informationen in den Kopf- und Fußzeilen sind die gleichen, die Sie bei der Anforderungsdokumentation kennen gelernt haben, also Ersteller, Datum, Versionshistorie und Version.

Anforderungs-Nachverfolgbarkeits-Matrix (ANM)

Anforderungs-ID	Version	Name Kurzbeschreibung	Quelle Kundendoku Lastenheft(e) Name / Version / Datum Kapitel / Seite
SW_PSM_A010	1.1	Versorgungsspannungsbereich	Lastenheft Produkt_X, Rev. 3.20.5, 2010-09-03, Kapitel 4 Spannungsüberwachung, S. 23
SW_PSM_A020	1.0	Unterspannung	Lastenheft Produkt_X, Rev. 3.20.5, 2010-09-03, Kapitel 4 Spannungsüberwachung, S. 23
SW_PSM_A030	1.0	Überspannung	Lastenheft Produkt_X, Rev. 3.20.5, 2010-09-03, Kapitel 4 Spannungsüberwachung, S. 23

Anforderungs-ID	Orginal-Text	Quelle Organisation Name / Version / Datum / Kapitel / Seite	Ziel Artefakt(e)
SW_PSM_A010	Die Versorgungsspannung soll überwacht werden.	SAS Produkt_X, V2.0, 2010-10-03, Kapitel 3 Spannungsüberwachung PSM, S. 5	Modul psm.c Funktion Psm CheckPowerSupply()
SW_PSM_A020		SAS Produkt_X, V2.0, 2010-10-03, Kapitel 3 Spannungsüberwachung PSM, S. 5	Modul psm.c Funktion Psm CheckOverVoltage()
SW_PSM_A030		SAS Produkt_X, V2.0, 2010-10-03, Kapitel 3 Spannungsüberwachung PSM, S. 5	Modul psm.c Funktion Psm CheckUnderVoltage()

Zur besseren Lesbarkeit habe ich die Tabelle zur Illustration aufgeteilt. In der eigentlichen Vorlage befinden sich die Informationen zu jeder Anforderungs-ID jeweils in einer Zeile.

Anforderungs-Nachverfolgbarkeits-Matrix (ANM)
Produktname: Ihr Produktname
Projektname: Ihre Projektnummer

Baseline: BL_01_00_00

ID	Ver	Name Kurzbeschreibung	Quelle Kundendoku Lastenheft(e) Name / Version / Datum Kapitel / Seite	Text	Quelle Organisation Name / Version / Datum Kapitel / Seite	Ziel Artefakt(e)
SW_PSM_A010	1.1	Versorgungs-spannungsbereich	Lastenheft Produkt_X, Rev. 3.20.5, 2010-09-03, Kapitel 4 Spannungsüberwachung, S. 23	Die Versorgungsspannung soll überwacht werden.	SAS Produkt_X, V2.0, 2010-10-03, Kapitel 3 Spannungsüberwachung PSM, S. 5	Modul psm.c Funktion PsmCheckPowerSupply()
SW_PSM_A020	1.0	Unterspannung	Lastenheft Produkt_X, Rev. 3.20.5, 2010-09-03, Kapitel 4 Spannungsüberwachung, S. 23	-	SAS Produkt_X, V2.0, 2010-10-03, Kapitel 3 Spannungsüberwachung PSM, S. 5	Modul psm.c Funktion PsmCheckOverVoltage()
SW_PSM_A030	1.0	Überspannung	Lastenheft Produkt_X, Rev. 3.20.5, 2010-09-03, Kapitel 4 Spannungsüberwachung, S. 23	-	SAS Produkt_X, V2.0, 2010-10-03, Kapitel 3 Spannungsüberwachung PSM, S. 5	Modul psm.c Funktion PsmCheckUnderVoltage()

Abbildung 12-2: Anforderungs-Nachverfolgbarkeits-Matrix (ANM)

Inhaltlich finden Sie die Anforderungs-ID, ihre aktuelle Version und den Namen als Kurzbeschreibung wieder. Zur Nachverfolgbarkeit zu den Quellen gibt es zwei Spalten mit Quellenangabe der Kundendokumentation (Lastenheft) und Quellenangabe der Dokumentation Ihrer Organisation (Pflichtenheft). Hier wird der Name der Dokumente, ihre Version, das Datum und die Referenz in Form von Kapitel und Seite angegeben. Um es ganz eindeutig zu machen, geben Sie den originalen Text mit an. Damit stellen Sie eindeutig klar, welche Textpassage Sie genau zur Formulierung Ihrer Anforderung herangezogen haben.

In der Spalte Ziel Artefakt(e) geben Sie die Ablageordner, die Dokumentnamen und weitere Ziele an, die eine korrekte Nachvollziehbarkeit zu den Umsetzungsorten ergibt.

13 Versions- und Konfigurationsmanagement

Bei *Versionen* und der zugehörigen Disziplin *Versionierung* geht es um eine Vorgehensweise, die gewährleistet, dass Sie Anforderungen, Anforderungsdokumente und alle notwendigen Artefakte nach Änderungen eindeutig unterscheiden können.

Bei *Konfigurationen* und der Disziplin *Konfigurationsmanagement* geht es darum, zusammengehörige Artefakte eindeutig zu identifizieren und zu kennzeichnen, damit Sie bei einer Auslieferung eines Produktstandes genau wissen, was enthalten ist. Damit können Sie auch zu einem späteren Zeitpunkt jederzeit rekonstruieren, aus welchen Artefakten in welchem Versionsstand sich die Auslieferung zusammengesetzt hat.

13.1 Versionsmanagement

Eine Version ist ein definierter „Entwicklungsstand" einer Anforderung oder eines Artefakts. Als Versionierung bezeichnet man den Vorgang der Versionenbildung. Unterscheiden sich zwei Artefakte, müssen sie auch unterschiedliche Versionsbezeichnungen haben.

Merksatz 13-1

Eine Version ist ein definierter Entwicklungstand von Artefakten. Unterschiedliche Versionen kennzeichnen Änderungen an den Artefakten.

Merksatz 13-2

Die Versionierung dient zur Kennzeichnung sich unterscheidender Artefakte und Produktstände.

Beispiel: Versionshistorie
Um die unterschiedlichen Inhalte und damit Versionen und ihre Änderungen nachzuvollziehen, müssen Sie die Historie dazu in einer Versionshistorie beschreiben und damit den Änderungsverlauf dokumentieren.

In einem Anforderungsdokument, welches auf Basis einer Textverarbeitungsvorlage erstellt wurde, können Sie die Historie am Anfang des Dokuments einfach als Tabelle pflegen. Werkzeuge für AM werden Sie hier durch eine automatische Versionierung der einzelnen Anforderungen und der ganzen Anforderungsdatenbank unterstützen.

Die Art der Versionierung muss einheitlich gebildet und gepflegt werden. Die Vorgehensweise und die Bildung der Versionsbezeichnung wird in einem so genannten Konfigurationshandbuch beschrieben.

Das Wichtigste dabei ist, dass Sie anhand der Version, der Versionskennung oder Versionsbezeichnung unterschiedliche Stände des jeweiligen Artefaktes eindeutig unterscheiden können. Es ist weniger von Bedeutung, ob Sie die Version mit Rev1.0, Rev1.1 oder mit V1.0.0, V1.0.1 bezeichnen. Das kann entweder eine Kundenvorgabe oder eine festgelegte Bildungsvorschrift Ihrer Organisation sein.

Merksatz 13-3

Das Wichtigste bei der Versionierung ist, dass Änderungen an gleichen Artefakten durch eine unterschiedliche Versionsbezeichnung erkennbar sind.

Beispiel: Dateinamen und Versionen
Steht für die Versionierung kein ausgewähltes Werkzeug oder Programm zur Verfügung, wird die Versionierung von Hand erzeugt. In den Dateinamen wird eine Versionsnummer, Versionsbezeichnung und das Datum mit hinzugenommen. Bei mehr als zwei Versionen pro Tag muss die Uhrzeit auch noch mit in die Bezeichnung einfließen.

Diese Art der Versionierung ist suboptimal, da der Dateiname bei jeder Änderung umbenannt werden muss. Eine klare Definition und Beschreibung der Artefaktnamen ist so nicht möglich. Nach vielen Änderungen liegen ebenso viele Dateien in einem Ordner Ihrer Projektstruktur. Dabei ist oft nicht nachvollziehbar, welche Datei die aktuellste ist und vor allem, welche zu einem bestimmten Zeitpunkt die geltende war.

Verwenden Sie daher ein professionelles Konfigurationsmanagement-Werkzeug. Hierzu müssen Sie zuvor die notwendigen Namen der Artefakte (Konfigurationselemente) und Ablageorte in Ihrer Produktstruktur festlegen. Die verschiedenen Stände werden vom Werkzeug in einer Datenbank – dem Repository – abgelegt und verwaltet. Die Verwaltung unterschiedlicher Versionen und die entsprechende Historie wird vom Werkzeug erledigt.

Sie werden das Arbeiten mit den Werkzeugen schnell beherrschen. Es gibt für die Werkzeuge graphische Oberflächen, mit denen Sie in der Dateistruktur immer die aktuellsten Dateien sehen. Ältere liegen mit gleichem Namen darunter, ähnlich wie der Tellerstapel in einem Restaurant am Salatbuffet.

13.2 Konfigurationsmanagement

Unter Konfiguration wird die Zusammengehörigkeit von mehreren einzelnen Artefakten zu einem Ganzen zu einem bestimmten Zeitpunkt verstanden. Jedes Artefakt und auch jede Anforderung für sich hat eine eindeutige Version. Das Ziel ist, dass Sie zu jedem beliebigen geplanten Zeitpunkt alle relevanten Artefakte als zusammengehörig erkennen können. Damit ist dieser komplette Produktstand konsistent – wenn die Artefakte untereinander konsistent sind – und der Inhalt des Produktstandes mit allen seinen Artefakten kann, zeitlich später gesehen, jederzeit wieder hergestellt werden.

Merksatz 13-4

Konfigurationsmanagement stellt die Konsistenz einer Konfiguration zu einem bestimmten Zeitpunkt sicher. Die Konfiguration ist der zu diesem Zeitpunkt definierte Versionsstand.

Beispiel zur Konfiguration:
Es sollen drei Dokumente existieren:

- Lastenheft Produkt_X Rev. 3.20.5 vom 2010-09-03
- Pflichtenheft Produkt_X V2.0 vom 2010-10-13
- Software-Anforderungs-Spezifikation Produkt_X vom 2010-11-03

Die Dokumente zusammengenommen repräsentieren mit ihrer eindeutigen Version einen eindeutigen Stand zu einem ganz bestimmten Zeitpunkt.

Aus planerischer Sicht legen Sie mit Ihrem Kunden fest, dass er am 2010-12-05 eine Lieferung bekommt. Das Release soll Rel_01_00_00 heißen (Release wird gleich erklärt) und in der Planung zu diesem Release wird festgelegt, was alles in dieser Lieferung enthalten sein muss. Das ist für Sie vergleichbar mit einem Geschenkpaket, welches Sie mit einem bestimmten Inhalt an Freunde verschicken.

Mit dem Konfigurationsmanagement-Werkzeug bezeichnen Sie einfach diesen Ordner mit Rel_01_00_00. Der Vorgang ist über einen einzelnen Befehl aus dem Menü aufrufbar. Mit einem so genannten „Repository-Browser" können Sie danach jederzeit auf diesen bezeichneten Ordner zugreifen.

Ohne Unterstützung des Konfigurationsmanagements in Form eines Programms können Sie mit einem Datei-Verwaltungsprogramm einen Ordner anlegen, den Sie REL_01_00_00 nennen. Unter diesem Ordner legen Sie alle relevanten Artefakte ab. Die Inhalte dieses Ordners dürfen Sie danach nicht mehr verändern. Er repräsentiert genau den geplanten Stand und alle Inhalte, die zu Ihrem Paket gehören.

Damit haben Sie eine Konfiguration zu einem bestimmten Zeitpunkt erzeugt, unter der Sie alle relevanten Artefakte abgelegt haben.

13.3 Baselines und Releases

Baselines und Releases sind definierte Zeitpunkte (Meilensteine) eines Produktstandes. Der Produktstand (Konfigurationsbasis) hat als Inhalt die (geplanten) Konfigurationselemente für eine Lieferung der Inhalte (Artefakte).

Man spricht hier von der Bezeichnung des Produktstandes. Bei reiner Betrachtung eines Softwareprodukts ist das Release die Auslieferung eines fertigen Softwareprodukts an den Kunden. Dabei kann es mehrere (geplante) Lieferzeitpunkte geben. Hier gibt es die Bezeichnung des Alpha- oder Beta-Releases.

Eine Baseline kann eine organisationsinterne Konfiguration für Ihre Testabteilung sein, um die bis jetzt umgesetzten Funktionalitäten vorab zu testen. Diese „interne Lieferung" müssen Sie bezeichnen, um den Inhalt später eindeutig identifizieren zu können. Es ist wichtig, genau zu wissen, welchen Stand Ihre Testabteilung bekommen und getestet hat.

Merksatz 13-5

Eine Baseline (Basislinie) ist eine definierte Konfigurationsbasis. Die Konfiguration beinhaltet definierte Versionen der darin enthaltenen Artefakte.

Merksatz 13-6

Ein Release ist eine Baseline, die eine Auslieferung an den Kunden darstellt.

13.4 Konfigurationsmanagement und Anforderungen

Mit einer eindeutigen Versionierung aller Artefakte und Umsetzen von Konfigurationsmanagement können Sie eindeutig und nachvollziehbar einen Entwicklungsstand herstellen. Sie bezeichnen damit, welchen Stand die Anforderungen und die anderen Artefakte zu geplanten Zeitpunkten der Auslieferung hatten.

Eines der Ziele ist, die Anforderungen und die Produkt-Arbeitsergebnisse konsistent zu halten. Das bedeutet, eine bestimmte Version oder ein Stand von Anforderungen muss in dem bezeichneten Release mit den zugehörigen, geplanten anderen Produkt-, Projekt- und Prozessdokumenten übereinstimmen.

Beispiel:
Sie haben in einem Anforderungsdokument Anforderungen dokumentiert und darauf basierend ist eine Software entstanden. Gemäß Ihrer Planung sollen in der nächsten Auslieferung (Release) auch alle Anforderungen wirklich umgesetzt sein. Damit sind die beiden Artefakte Dokument und Software-Implementierung zueinander konsistent. Weitere in der Praxis relevanten Dokumente wie die Testspezifikation und die entsprechend durchgeführten und dokumentieren Tests (Testreport) müssen dann ebenfalls dazu konsistent sein, wenn Sie die Dokumente für dieses Release eingeplant haben. Eine Inkonsistenz wäre, wenn eine Anforderung mit dem Attribut „Status = umgesetzt" angegeben ist, die dazugehörige Anforderung jedoch nicht wirklich umgesetzt wurde.

14 Die Pflege und Verwaltung von Anforderungen

Das Leben von Anforderungen beginnt schon mit den ersten Gesprächen. Spätestens wenn Sie die Anforderungen aufschreiben, haben Sie damit die erste dokumentierte Spezifikation, wenn auch nur als Konzept. Es beginnen somit schon die Pflege- und Verwaltungstätigkeiten für die Anforderungen.

Unter der Pflege der Anforderungen sollen die Tätigkeiten Ändern, Löschen, Hinzufügen und Attribute setzen gemeint sein. Mit dem Verwalten der Anforderungen die weiteren Tätigkeiten Struktur, Nachverfolgbarkeit und Versionierung. Ich finde diese Einteilung passender als die alleinige Verwendung des Begriffs „Verwaltung der Anforderungen".

Wann ist eine Pflege der Anforderungen notwendig?

Wenn sich Anforderungen ändern, wenn Anforderungen entfallen oder wenn neue Anforderungen hinzukommen, wird eine Pflege der Anforderungen notwendig werden. Diese Änderungen werden sich ergeben, wenn Sie Fehler im Produkt korrigieren müssen, Verbesserungen umsetzen oder neue Anforderungen hinzukommen.

Das Produkt muss gewartet werden. Selbst noch längere Zeit nach der Produkteinführung können ebenfalls Änderungen notwendig werden.

14.1 Tätigkeiten für die Pflege und Verwaltung

Folgende Tätigkeiten müssen Sie zur Pflege und Verwaltung der Anforderungen durchführen:

- Neue Anforderungen formulieren und im Dokument oder in der Datenbank hinzufügen
- Anforderungen löschen
- Bestehende Anforderungen überarbeiten und umformulieren
- Attribute von Anforderungen pflegen
- Grafiken bearbeiten oder neu hinzufügen
- UML Diagramme ergänzen oder überarbeiten
- Änderungs-Anfragen analysieren und dokumentieren

- Die neuen Inhalte erneut prüfen, abstimmen und validieren
- Nachverfolgbarkeit erstellen, aktualisieren

14.2 Aufwände für die Anforderungspflege

Bei der Abschätzung der Aufwände stellt sich oft die Frage, wie hoch die Pflege- und Verwaltungsaufwände sein werden. Dazu betrachten wir einmal zwei Zeitbereiche: Die Zeit von der Erstellung der Anforderungsspezifikationen bis zur ersten Freigabe der Anforderungen und die Zeit danach. Bis zur Freigabe werden Sie Anforderungen ermitteln und abstimmen, dokumentieren und validieren. Die korrekt formulierten und dokumentierten Anforderungen bekommen dann den Status „freigegeben".

In dieser ersten Phase werden hohe Aufwände entstehen, da die Anforderungsspezifikation erstmalig erstellt wird. Abhängig vom Gesamtumfang der Produktentwicklung kann sich diese Phase mehrmals wiederholen. In wiederholenden Schritten ermitteln Sie die Anforderungen bis zur Spezifikation. Die in diesen Phasen entstandenen Anforderungen werden in der Regel schrittweise freigeben.

In der zweiten Phase setzen Sie auf freigegebenen Anforderungen und Dokumenten auf und entwickeln die weiteren Artefakte.

Merksatz 14-1

Die Pflege von Anforderungen und der Anforderungsmanagement-Dokumente sind oft ein ganzes Produktleben lang notwendig.

Die Unterscheidung in die zwei Phasen habe ich aus folgendem Grund eingeführt: Der Aufwand zur Pflege und Verwaltung der Anforderungen muss im Verlauf der Entwicklung abnehmen. Die Anforderungen müssen ab einem bestimmten Zeitpunkt stabil sein und sich dann möglichst nicht mehr ändern. Diesen Zeitpunkt bestimmen die Freigaben. In der Praxis werden Sie mehrere dieser Zeitpunkte einplanen. Jede geplante Lieferung des Produktstandes wird eine Anzahl von Anforderungen enthalten, die Sie in verschiedenen Entwicklungsartefakten umgesetzt haben. Das kann eine Vorabversion für Ihren Kunden oder eine interne Lieferung an Ihre Testabteilung sein.

> **Merksatz 14-2**
>
> Im Verlauf des Produkt-Lebenszyklus müssen immer mehr Anforderungen stabil werden und sollen sich damit ab einem bestimmten Zeitpunkt nicht mehr ändern.

Die Stabilität der Anforderungen ist wichtig, damit in allen Bereichen, die von den Anforderungen abhängen, auch Stabilität gegeben ist. Ändern sich die Anforderungen in kurzen Zeiträumen, müssen alle betroffenen Artefakte mit geändert werden. Das können unterschiedliche Artefakte sein: Designdokumente, Software-Implementierung, Hardwareschaltpläne und Testdokumente.

In diesem Kontext ist das Anforderungs-Attribut „Status" mit der Bedeutung „freigegeben" relevant. Ziel ist, bei den weiteren Entwicklungsschritten mit freigegebenen Anforderungen weiter zu entwickeln.

14.3 Änderungsmanagement

Das Änderungsmanagement beschreibt die Pflege- und Verwaltungstätigkeiten im AM, wenn Änderungen an den Anforderungen notwendig werden. Dazu gehört der Umgang mit Änderungsanfragen, die Definition der notwendigen Aktivitäten und die Definition der Rollen derer, die Änderungsmanagement durchführen.

Es gibt ausgewählte Gremien, so genannte CCBs = Change Control Boards, die aus ausgewählten Stakeholdern gebildet werden und die entscheiden, wie mit den Änderungsanfragen zu verfahren ist. In den Abbildungen zum Bearbeitungsablauf der Änderungsanfrage und -bearbeitung habe ich trotzdem auch Einzelpersonen (Projektleiter) oder Teams als Entscheider eingetragen. Je nach Organisations- und Teamgröße kann es das explizite CCB nur als Einzelperson geben oder die Entscheidung wird an anderer Stelle getroffen.

Gründe für Änderungen können sein: Fehler im Produkt, Notwendigkeiten für Verbesserungen und Änderungsanfragen. Die verwendeten Begriffe für diese Änderungen sind „Fehler" (Issues) und „Änderungsanfragen" (Change Requests).

Merksatz 14-3

Gründe für Änderungen können Fehler im Produkt, neue Anforderungen oder Notwendigkeiten für Verbesserungen sein.

Damit diese Änderungen geplant und nachvollziehbar in das Produkt einfließen, werden die Abläufe als Prozessvorgaben definiert. Die Änderungsanfragen und die genauen Inhalte und Analysen zur Änderung werden in einem Formular dokumentiert.

14.3.1 Ablauf Änderungsanfrage

Die Änderungsanfrage kann durch den Kunden oder intern durch Bereiche der Organisation erfolgen. Die folgende Abbildung zeigt Ihnen die Abläufe und die möglichen Umsetzungsgremien.

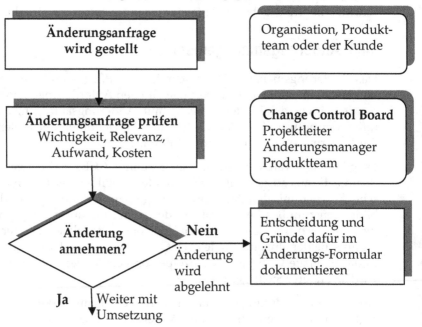

Abbildung 14-1: Ablauf Änderungsanfrage

Die Abläufe sind als Rechteck dargestellt und diejenigen Personen, die die Abläufe durchführen oder initiieren können als abgerundetes Rechteck. Die Änderungsgründe werden daraufhin überprüft. Punkte der Prüfung sind:

Wichtigkeit
Wie schnell muss die Änderung durchgeführt oder der Fehler behoben werden?

Abschätzung der Aufwände und Kosten
Wie lange benötigen Sie voraussichtlich für die Umsetzung und was wird das kosten? Zusätzlich werden Sie prüfen, ob Sie die Kosten dem Kunden in Rechnung stellen können (Anforderungsänderung) oder nicht (Fehlerbehebung).

Entscheidung zur Annahme der Änderung
Entscheidung für oder gegen die Umsetzung der Änderung oder Korrektur des Fehlers.

Änderungsdurchführung
Planung, Durchführung, Qualitätssicherung und Dokumentation der Änderung.

14.3.2 Ablauf Änderungsbearbeitung

Nachdem Sie und Ihre Organisation den Änderungsantrag akzeptiert haben, werden die Schritte zur Umsetzung durchgeführt.

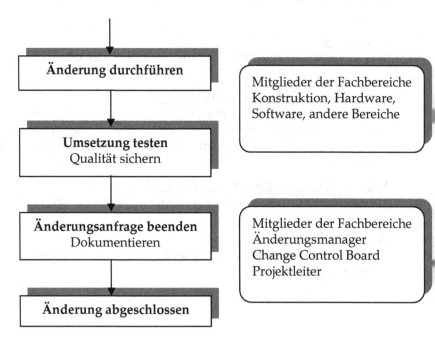

Abbildung 14-2: Ablauf Änderungsbearbeitung

14.4 Beispiel Änderungsformular

100 Minuten für AM	Titel Änderungs-Anfrage-Formular	Version AEAF 1.0

Änderungs-Anfrage-Formular

\<Ihr Produktname\>
\<Ihre Produktnummer\>

Autor	Dipl.-Ing. Marcus Grande
Datum	2010-12-15
Version	AEAF 1.0
Status	In Bearbeitung (In Bearbeitung / Review durchgeführt / Freigegeben)
Freigabe	\<Name\> (freigegeben von) / \<Datum\> (freigegeben am)

AenderungsAnfrageFormular.doc	2010-12-15	Seite(n) 1 von 2

Abbildung 14-3: AEAF - Änderungs-Anfrage-Formular Deckblatt

Änderungsformular – Inhalt

100 Minuten für AM	Titel Änderungs-Anfrage-Formular	Version AEAF 1.0

Änderungs-Anfrage-Formular

Allgemeine Daten

ID der Anfrage	AEA_001
Aktuelle Version des Formulars	AEAF 1.0
Aktuelles Datum des Formulars	2010-12-15
Anfrage von	*<Kunde/Organisation>*, *<Abteilung>*, *<Name>*, *<Sonstiges>*
Datum der Anfrage	2010-12-11
Änderung Kurzbeschreibung	Der Bereich der Spannungsüberwachung muss geändert werden.
Referenzen zur Anfrage	*Dokumente* *<Name>*, *<Version>*, *<Datum>*, *<Sonstiges>*
Änderungsbeschreibung Details	Der aktuell überwachte Betriebsspannungsbereich von 0 V bis 16 V muss auf 0 V bis 18 V erweitert werden.

Analyse

Datum der Analyse	2010-12-15
Autor	*<Abteilung>*, *<Name>*, *<Sonstiges>* Softwareentwicklung, Marcus Grande
Identifizierte Arbeitsprodukte, die voraussichtlich geändert werden müssen	*<Arbeitsprodukte>* Anforderungsspezifikation, Testspezifikation, Managementdokumente (Projektpläne), Nachverfolgbarkeits-Matrix, Testreportdokumente
Risiko der Umsetzung	*<sehr hoch>, <hoch>, <mittel>, <gering>* *<Begründung>*
Hinweise zur Analyse	Telefonische Durchsprache der Änderung ist mit *<Kunden>, <Herr/Frau>* am 2010-12-15 erfolgt.

Notwendige Arbeitspakete

Details zur Umsetzung	

Sonstiges

Geschätzter Zeitaufwand und Kosten	<Zeitaufwand in Stunden>, <Kosten in Euro> 24h, 3.000 Euro
Änderung genehmigt Datum und Name	<Ja>, <Nein>

Abbildung 14-4: AEAF - Änderungs-Anfrage-Formular Inhalt

15 Vorgehensmodelle

Eine Produktentwicklung ist in mehrere Phasen aufgeteilt. Dazu zählen z.b. die Phasen: Planung, Anforderungsermittlung, Umsetzung und Test. Für diese verschiedenen und strukturierten Phasen beschreiben Vorgehensmodelle die Abläufe (Prozesse) und Tätigkeiten. Für den Fachbereich der Softwareentwicklung existieren verschiedene Vorgehensmodelle, die die Komplexität der Softwareentwicklung besser beherrschbar machen. Als Synonym zum Vorgehensmodell wird auch der Begriff Prozessmodell verwendet.

Merksatz 15-1
Vorgehensmodelle beschreiben Abläufe (Prozesse) und Tätigkeiten für die Phasen einer Entwicklung. Ziel sind strukturierte Phasen, die damit die Komplexität der Entwicklung besser beherrschbar machen.

15.1 Ziele von Vorgehensmodellen

Die Ziele für den Einsatz und die Verwendung von Vorgehensmodellen sind eine verbesserte Produktqualität, eine bessere Kommunikation zwischen den Stakeholdern und eine Verbesserung der Prozesse.

Sie können das mit einem Koch- oder Backrezept vergleichen. Darin sind die Zutaten und die Abläufe – also Prozesse – beschrieben. Verwenden Sie immer die gleichen qualitativ guten Zutaten und halten Sie sich immer an die bewährten Abläufe, erhalten Sie (meist) gleich gute Ergebnisse. Verändern Sie die Zutaten und die Prozessabläufe, kann der Kuchen etwas werden, muss aber nicht. Bei der Analyse können Sie dann feststellen, warum das Ergebnis nicht so geworden ist wie erwartet. Für eine Produktentwicklung sollten diese „Rezepte" dokumentiert werden. Sie sind damit für andere nachvollziehbar und wichtiges Wissen bleibt erhalten – selbst dann, wenn Personen nicht mehr verfügbar sind.

Die Meisterköche haben ihre speziellen Tipps und Tricks oft nur im Kopf und machen das Kochergebnis einzigartig; damit aber auch für andere nicht nachvollziehbar.

15.2 Vorgehensmodelle der Softwareentwicklung

Die Vorgehensmodelle der Softwareentwicklung beschreiben u.a. auch den Bereich der Anforderungsermittlung. Bekannte Modelle der Softwareentwicklung sind:

V-Modell 97

Die Idee zum V-Modell entstand 1979 von Barry Boehm. Das V-Modell beschreibt Aktivitäten und Ergebnisse in Systementwicklungsprojekten. Der Name ist aus der V-förmigen Darstellung abgeleitet. Auf der linken Seite des V's werden absteigend die Elemente aus den Spezifikationen und auf der rechten Seite im aufsteigenden Ast die Elemente zur Realisierung und Integration dargestellt. Die Anforderungen aus den Spezifikationen (Phase Anforderungsdefinition) werden validiert und anhand der definierten Abnahmekriterien (eines der Attribute für Anforderungen) im Abnahmetest entsprechend überprüft.

Die Abbildung 15-1 zeigt graphisch das „klassische V-Modell" und seine Entwicklungsphasen.

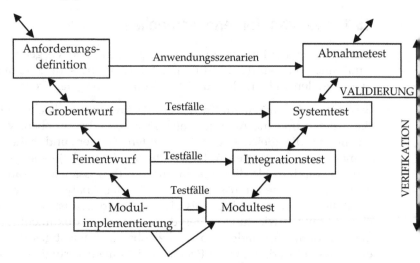

Abbildung 15-1: „Klassisches" V-Modell
Quelle: Lehrbuch der Softwaretechnik, Balzert 1998 (sinngemäß)

V-Modell XP

Das V-Modell XP (ab Februar 2005) soll das „alte" V-Modell 97 ablösen. Grund für ein neues Modell waren neue Ansätze und Erkenntnisse in der Entwicklung. Hauptpunkte für die Änderungen sind u.a. die Anpassbarkeit (XT = Extreme Tailoring, to tailor = schneidern, zuschneiden), eine stärkere Modularisierung und eine Orientierung hin zu inkrementellen und agilen Ansätzen.

Agile Softwareentwicklung

Die Ansätze der agilen Softwareentwicklung (lateinisch agilis = flink, beweglich) sollen zu einer „beweglichen" Softwareentwicklung führen. Ziel dabei ist, den bürokratischen Aufwand niedrig zu halten. Das soll zu mehr Flexibilität und Schlankheit in der Entwicklung und bei den Prozessen führen. Bestandteile der agilen Softwareentwicklung sind agile Werte, Prinzipien und Methoden. Eine bekannte Praktik ist zum Beispiel das „Pair Programming". Dabei teilen sich zwei Programmierer einen Computer. Der eine schreibt die Software (Codieren), der andere denkt dabei mit und umgekehrt.

Rational Unified Process (RUP)

Der Rational Unified Process (RUP) ist ein iteratives (iterativ = wiederholend) und inkrementelles (inkrementell = schrittweise) Vorgehensmodell. Es ist ein für die Nutzung von UML (Unified Modelling Language) beschriebenes Modell für die Anwendungsentwicklung. Der RUP selbst ist in der UML beschrieben. Wesentliche Merkmale dabei sind u.a. das integrierte AM und die komponentenbasierte Architektur.

SCRUM

SCRUM ist ein iterativer und kundenorientierter Prozess für die Softwareentwicklung, der die Prinzipien der agilen Softwareentwicklung praxisgerecht einsetzt. Der Prozess besteht im Prinzip aus mehreren Rückkopplungsschleifen die ineinander verschachtelt sind. Die Phasen beginnen mit der Planung und gehen über die Durchführung bis hin zur Überprüfung und Anpassung. Die AM-Tätigkeiten beginnen am Anfang des Projektes mit der Erstellung der Produktanforderungen.

Sonstige Modelle

Als Hintergrund zur Geschichte der Vorgehensmodelle habe ich Ihnen hier auch die „Ur-Modelle" Wasserfall- und Spiralmodell beschrieben.

Wasserfallmodell

Beim Wasserfallmodell sind die Phasen des Entwicklungsprozesses linear (nicht iterativ = nicht wiederholend) organisiert. Dabei gehen die Phasenergebnisse – wie bei einem Wasserfall – immer als bindende Vorgaben für die nächsttiefere Phase ein. Eine der ersten Phasen ist die Anforderungsermittlung. Das Modell kann nur dann vorteilhaft angewandt werden, wenn Anforderungen und Abläufe präzise beschrieben werden können. Das Wasserfallmodell gibt es auch als iteratives (sich wiederholendes) Modell. Dazu wurden Rückschritte zu vorhergehenden Phasen ergänzt. Diese Ergänzung bietet so den Ansatz zu Korrekturmaßnahmen für die vorherige Phase. Diesen Ansatz gibt es für das lineare Modell so nicht.

Spiralmodell

Das Spiralmodell ist eine Weiterentwicklung des Wasserfallmodells. Es wurde von Barry W. Boehm im Jahr 1986 beschrieben. Vom Ansatz her sind die Entwicklungsphasen spiralförmig beschrieben. Beim Durchlaufen sieht das Modell einen iterativen Ablauf der Phasen und Prozesse vor. Für jeden Spiraldurchlauf (Zyklus) werden jeweils die Aktivitäten Ziele, Risiken, Realisieren und Prüfen sowie das Planen des nächsten Zyklus durchlaufen. Das Modell sieht explizit eine zyklische Wiederholung (iterativ) und eine schrittweise Abarbeitung (inkrementell) der Phasen vor.

16 Reifegradmodelle

Reifegradmodelle beschreiben Abläufe (Prozesse) und hilfreiche Praktiken für eine Produktentwicklung. Sie bilden die Basis zur Beurteilung der Qualität von Prozessen. Bekannte Reifegradmodelle sind *CMMI* (Capability Maturity Model Integration) und *SPICE* (Software Process Improvement and Capability Determination).

Merksatz 16-1

Reifegradmodelle beschreiben Abläufe (Prozesse) und Praktiken zur Durchführung einer Produktentwicklung. Sie bilden damit die Basis zur Qualitätsbeurteilung der Prozesse.

16.1 Ziele der Reifegradmodelle

Reifegradmodelle haben als Ziel: Die Bewertung der Prozesse und ihrer Qualität. Mit guten Prozessen erreichen Sie eine nachvollziehbare und effiziente Arbeitsweise. Diese wird bewertet und bietet so die Möglichkeit für eine stetige Verbesserung. Für das AM sollen die Beschreibungen der Reifegradmodelle die Konsistenz zwischen den Anforderungen und anderen Artefakten der Produktentwicklung gewährleisten. Entwicklungsartefakte können Projektpläne und Inhalte der Releaseplanung sein.

16.2 CMMI

Das Reifegradmodell CMMI Capability Maturity Model Integration (Fähigkeit Reife Model Integration) bedient drei Kategorien, CMMI für Entwicklung (Development), CMMI für den Einkauf (Acquisition) und CMMI für Dienste (Services).

Für die Produktentwicklung ist der Bereich der Entwicklung von besonderer Bedeutung. In diesem gibt es verschiedene Prozessgebiete, in denen jeweils unterschiedliche Fähigkeiten erlangt werden können und innerhalb derer Ihre Organisation bestimmte Reifegradstufen erlangen kann.

Es gibt hier bei den Fähigkeiten (Capabilities) die Stufen 0 bis 5 und bei der Reife (Maturity) die Stufen 1 bis 5. Eine kleinere Stufe bedeutet weniger Fähigkeiten bzw. weniger Reife.

Die Fähigkeitsstufen sind: „0" incomplete, „1" performed, „2" managed, „3" defined, „4" qualitatively managed und „5" optimizing.

Die Reifegradstufen sind: „1" initial, „2" managed, „3" defined, „4" quantitatively managed und „5" optimizing. Weitere Informationen zu genauen Inhalten der einzelnen Fähigkeits- und Reifegradstufen finden Sie im Kapitel Weiterführende Informationen.

Definition 16-2 CMMI (Quelle [Wikipedia])

Das Capability Maturity Model Integration (kurz CMMI) ist eine Familie von Referenzmodellen für unterschiedliche Anwendungsgebiete – derzeit für die Produktentwicklung, den Produkteinkauf und die Serviceerbringung. Ein CMMI-Modell ist eine systematische Aufbereitung bewährter Praktiken, um die Verbesserung einer Organisation zu unterstützen.

Innerhalb der einzelnen Prozessgebiete sind spezielle Ziele (Specific Goals), typische Praktiken, die dem Ziel zugeordnet werden (Generic Practices) und bewährte Praktiken (Practices) beschrieben. Diese geben vor, *was* Ihre Organisation in diesen Bereichen tun muss, um die Fähigkeiten und Reifegrade zu erreichen. In CMMI ist nicht vorgegeben, *wie* Sie das zu tun haben. Das können und dürfen Fachleute passend zu Ihrer Organisation und Ihren Abläufen definieren.

Neben dem Vorteil der Prozessverbesserung bietet dieses Modell auch die Möglichkeit, verschiedene Organisationen zu vergleichen. Durch Prüfungen externer zertifizierter Prüfstellen kann Ihre Organisation in den Prozessgebieten bewertet werden. Auf dieser Basis können Organisationen aussagekräftig miteinander verglichen werden.

Für viele Auftraggeber ist der Nachweis der erreichten Fähigkeits- und Reifegradstufen zudem die Grundlage für die Vergabe oder Nichtvergabe von Aufträgen.

CMMI und AM
Bei CMMI gibt es zwei Prozessgebiete, die sich auf das AM beziehen. Das sind die Gebiete: Anforderungs-Entwicklung (Requirements Development) und Anforderungs-Management (Requirements Management).

Anbei ein Auszug aus dem Buch „CMMI for Development V1.3":

Anforderungs-Entwicklung
- Spezielles Ziel 1 (SG1): Kundenanforderungen entwickeln
- Spezielles Ziel 2 (SG2): Produktanforderungen entwickeln
- Spezielles Ziel 3 (SG3): Anforderungen analysieren und validieren

Anforderungs-Management
- Spezielles Ziel 1 (SG1): Anforderungen verwalten

SG = Specific Goal.

16.3 SPICE

Das Reifegradmodell SPICE **S**oftware **P**rocess **I**mprovement and **C**apability Determination (Software Prozess Verbesserung und Fähigkeitsbestimmung) umfasst entsprechend der Norm ISO/IEC 15504 insgesamt sieben Teile. In diesen Teilen ist u.a. das Rahmenmodell als solches beschrieben.

Bei SPICE geht es um Prozesse und deren Ziele sowie eine Bewertung der Prozessergebnisse. Es existieren hier 6 Stufen der Prozessfähigkeit und innerhalb der einzelnen Prozesse gibt es Prozessattribute, die damit den Prozess bewerten. Die Bewertung wird in Assessments durchgeführt. Diejenigen, die das Assessment durchführen sind die so genannten Assessoren.

> Definition 16-3 SPICE (Quelle [Glossar Actano])
>
> Das Reifegradmodell SPICE entspricht der ISO 15504 und ist eine Methodik zur Verbesserung von Prozessen (Process Improvement) und der Bestimmung des Prozessreifegrads (Capability Determination). Die Bewertung wird in Assessments von Assessoren durchgeführt.

Generell verfolgt SPICE ähnliche Ziele wie CMMI. Daher beschreibe ich hier nur die Kategorien, die das AM betreffen.

SPICE und AM
Bei SPICE gibt es drei Prozesse, die sich auf das AM beziehen: den Kundenunterstützungs-Prozess (CUS = Customer-Supplier-Process), den Engineering-Prozess (ENG = Engineering-Process) und den Projekt-

Prozess (PRO = Project-Process). Innerhalb dieser Prozesse sind die folgenden Prozessattribute definiert:

CUS.1 Akquirieren des Softwareprodukts und/oder der Softwareunterstützung
- CUS.1.1   Notwendigkeit identifizieren
- CUS.1.2   Anforderungen definieren

CUS.3 Identifizieren von Kundenbedürfnissen
- CUS.3.1   Einholen von Kundenanforderungen und Kundenanfragen
- CUS.3.2   Kundenerwartungen verstehen

ENG.1 Anforderungserhebung
- ENG.1.1   Systemanforderungen spezifizieren
- ENG.1.2   Systemarchitektur beschreiben
- ENG.1.3   Anforderungen sammeln

ENG.2 Analyse der Systemanforderungen
- ENG.2.1   Softwareanforderungen bestimmen
- ENG.2.2   Softwareanforderungen analysieren
- ENG.2.3   Bestimmung der Auswirkungen der Arbeitsumgebung
- ENG.2.4   Anforderungen mit dem Kunden bewerten
- ENG.2.5   Aktualisieren der Anforderungen für den nächsten Schritt

PRO.4 Anforderungen verwalten
- PRO.4.1   Anforderungen zustimmen
- PRO.4.2   Erstellen einer Baseline für Kundenanforderungen
- PRO.4.3   Änderungen der Kundenanforderungen verwalten
- PRO.4.4   Kundenanforderungen verwenden
- PRO.4.4   Pflegen bzw. Erhalten der Nachverfolgbarkeit

Merksatz 16-4

Bekannte Reifegradmodelle sind CMMI Capability Maturity Model Integration (Fähigkeit Reife Model Integration) und SPICE Software Process Improvement and Capability Determination (Software Prozess Verbesserung und Fähigkeitsbestimmung).

17 Praxisbeispiel Spannungsüberwachung

Mit diesem Beispiel aus dem Bereich der Technik sollen die Wege des AM und seiner Methoden von der Ermittlung bis zur Verwaltung noch einmal gezeigt werden. Die „Spannungsüberwachung" ist eine Funktionalität für ein Produkt, bei dem die Spannungsversorgung permanent überwacht werden muss.

Dieses Beispiel zeigt trotz seiner Einfachheit eindrucksvoll, wie viele Aussagen und Fragen während der Diskussionen zur Aufgabenstellung gefunden wurden.

Wenn Sie möchten, können Sie sich nach der Vorstellung der Aufgabenstellung zunächst einmal selbst Gedanken zu dem Thema und seiner möglichen Anforderungen machen. Betrachten Sie dabei die entsprechenden Haupttätigkeiten im AM: Anforderungen ermitteln und dokumentieren.

17.1 Aufgabenstellung Spannungsüberwachung

Im Rahmen einer Produktentwicklung hatte der Kunde die Anforderung für die Funktionalität „Spannungsüberwachung" gewünscht. Die Funktionalität der Überwachung der Versorgungsspannung wurde benötigt, um Überspannung und Unterspannung zu erkennen. Mit diesen Informationen wurden bestimmte Software-Funktionen eingeschränkt oder ganz deaktiviert. Im „normalen" Funktionsspannungsbereich waren alle Softwarefunktionen aktiv. Die Überwachung wurde permanent während dem Produktbetrieb durchgeführt.

17.2 Anforderungen ermitteln

Zur Ermittlung der Anforderungen wurden als erstes die vorhandenen Spezifikationen des Kunden gesichtet. Als einziges Dokument wurde uns das Lastenheft des Kunden zur Verfügung gestellt (Kapitel Anforderungsquellen).

Lastenheftauszug

Im Kundenlastenheft, den Forderungen des Auftraggebers, war der Wunsch für die geforderte Funktionalität folgendermaßen formuliert:

Die Versorgungsspannung soll überwacht werden.

Durchsicht der Lastenheftinhalte

Zu dieser gemeinsamen Durchsicht wurden aus unserer Organisation zwei Stakeholder eingeladen: Einer aus der Hardwareentwicklung und einer aus der Softwareentwicklung. Ziel sollte sein, alle Informationen zur geforderten Funktionalität „Spannungsüberwachung" zu finden. Dazu wurde eine Prüftechnik aus dem Bereich der Validierung von Anforderungen eingesetzt: Der Walkthrough.

Weitere Details oder Anforderungen zu der gewünschten Kundenfunktionalität waren im Lastenheft nicht zu finden.

Brainstorming Anforderungsermittlung

Als Ermittlungstechnik hatten wir das Brainstorming ausgewählt. In einer offenen Runde durfte jeder mitteilen, was ihm zum Thema einfällt. Als grobe Vorgabe für das Brainstorming wurde hardwareorientiert die Frage: „*Was muss die entsprechende Hardware-Schaltung können?*" und softwareorientiert die Frage „*Was muss die Software können?*" vorgegeben.

Ein Moderator hat die einzelnen Punkte auf dem Flipchart festgehalten. Nach Abschluss des Brainstorming wurden die Aufschriebe diskutiert.

Es hatten sich folgende Aussagen und Fragen ergeben:

- Gibt es wirklich keine weiteren Anforderungen des Kunden für die Spannungsüberwachung?
- In welchem Bereich liegt denn die Versorgungsspannung?
- Was genau muss überwacht werden? Überspannung oder Unterspannung? Oder noch andere Bereiche?
- Sind irgendwelche Hysteresen (Bedeutung in diesem Kontext: zustandsabhängige Schwellen) umzusetzen?
- Mit welcher Auflösung muss die Versorgungsspannung gemessen werden?
- Welche Toleranzen müssen die verwendeten Bauteile haben?

- Muss die gemessene Versorgungsspannung noch geglättet werden? Muss es Filterfunktionen geben?
- Welche Anforderungen bezüglich der Versorgung des verwendeten Mikrocontrollers gibt es?
- Habe ich einen so genannten Analog-Digitalwandler (ADC) zur Verfügung und welche Auflösung hat der ADC?
- Wie schnell muss ich messen und überwachen?
- Was genau soll denn bei Über- oder Unterspannung gemacht werden?

17.3 Anforderungen dokumentieren

Auf Basis der Notizen der Aussagen und Fragen wurden die Anforderungen formuliert und in der Anforderungsvorlage dokumentiert (Kapitel Die Anforderungsdokumentation). Zur Formulierung wurden die Regeln und Baupläne für Anforderungen verwendet (Kapitel So formulieren Sie Anforderungen). Die Beschreibung der Inhalte des Pflichtenheftes lasse ich hier aus. Der Fokus soll in diesem Beispiel auf den Anforderungen selbst liegen. Zum Verständnis benötigen Sie lediglich unsere Designentscheidungen. Diese sind als *„Wie gedenken wir umzusetzen?"* im Pflichtenheft beschrieben: Wir verwendeten einen Mikrocontroller zur Überwachung der Spannungsversorgung. Die Funktionen dazu wurden in Software umgesetzt.

17.3.1 Hardware-Anforderungs-Spezifikation (HAS)

Zur Erstellung der Anforderungen wurden die Kenntnisse über die Anforderungsattribute benötigt (Kapitel Attribute von Anforderungen). Die wichtigsten sind gemäß dem Fünfeck der Anforderungs-Pflicht-Attribute (FAPA): Identifikation, Name, Beschreibung, Version und Status. Hätten wir ein AM-Werkzeug verwendet, hätten wir diese Attribute mit im Werkzeug gepflegt. Die Hardware Spezifikation wurde dann auszugsweise folgendermaßen formuliert:

HW_PSM_A010	*Eindeutige ID*
1.0	*Aktuelle Version*
Externer Betriebsspannungsbereich	*Name*
Die Betriebsspannung $U_{PSUP-IN}$ muss im Bereich	**Beschreibung**
0 Volt bis 16 Volt +-0,5 V gemessen werden.	
Status = abgestimmt	*Status*

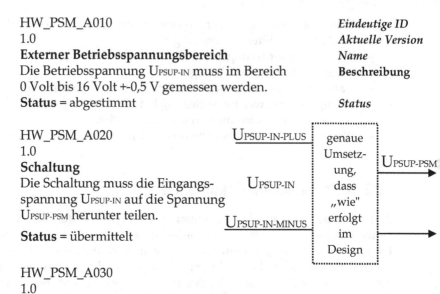

HW_PSM_A020
1.0
Schaltung
Die Schaltung muss die Eingangsspannung $U_{PSUP-IN}$ auf die Spannung $U_{PSUP-PSM}$ herunter teilen.

Status = übermittelt

HW_PSM_A030
1.0
Betriebsspannungsbereich Mikrocontroller

Der Betriebsspannungsbereich Mikrocontroller $U_{PSUP-PSM}$ muss linear auf den Bereich 0 bis 3V +-0,25 V umgesetzt werden, um im gültigen Eingangsbereich des Analog-Digitalwandlers des Mikrocontrollers zu bleiben.
Status = abgestimmt

17.3.2 Software-Anforderungs-Spezifikation (SAS)

Die notwendigen Pflicht-Anforderungs-Attribute sind auch hier nach dem FAPA die Anforderungs-ID (*SW_PSM_A010*), die Version (*1.0*), der Name (*Versorgungsspannungsbereich*), die Beschreibung und der Status der Anforderungen. *PSM* steht für Power Supply Monitoring und dient damit als Anforderungsprefix für die Funktionalitätskategorie der Software. Das „*A*" vor der Zahl bei der Identifikation steht symbolisch für Anforderung. Zur Unterscheidung der Fachbereiche wurden die Abkürzungen „*SW*" für Software und „*HW*" für Hardware in die Anforderungs-ID mit übernommen.

SW_PSM_A010

1.2

Versorgungsspannungsbereich

Die Versorgungsspannung muss im Bereich von 0 bis 16 Volt +-0,5 V überwacht werden.

Status = freigegeben

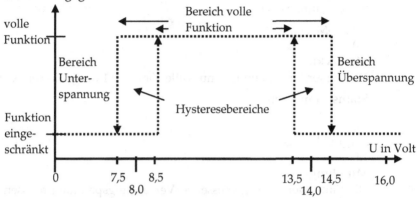

Abbildung SW_PSM_A010: Versorgungsspannungsbereich

SW_PSM_A020

1.1

Unterspannung

Liegt die Versorgungspannung unter 8 Volt +-0,5 V, muss der Zustand PSM-Unterspannung erkannt werden.

Status = umgesetzt

SW_PSM_A030

1.0

Überspannung

Liegt die Versorgungspannung über 14 Volt +-0,5 V, muss der Zustand PSM-Überspannung erkannt werden.

Status = umgesetzt

SW_PSM_A040
1.1
Funktionsspannungsbereich
Der Zustand der Versorgungspannung muss als Funktionsspannungsbereich erkannt werden, wenn keine Unterspannung und keine Überspannung erkannt wurde.

Status = umgesetzt

SW_PSM_A100
1.0
Messzyklus
Die Versorgungspannung muss alle 10ms +-0,1 ms gemessen werden.

Status = umgesetzt

SW_PSM_A110
1.0
Mittelung
Die Einzelwerte der gemessenen Versorgungspannung müssen über die
letzten 8 Werte als gleitender Mittelwert berechnet werden.

Status = umgesetzt

17.4 Validierung der Anforderungen

Nachdem die Anforderungen ermittelt, formuliert und in der HAS und
SAS dokumentiert waren, mussten sie validiert werden. Es musste ge-
klärt werden, ob das wirklich die Anforderungen sind, die der Kunde
wollte. Dazu war ein Treffen mit den wichtigen Stakeholdern des Kunden und unseren Stakeholdern notwendig. Die Wahl der richtigen Stakeholder ist notwendig, um auch die richtigen Anforderungen zu bekommen.

Beim Validierungstreffen waren von der Seite des Kunden der Produkt-
manager, der Qualitätsverantwortliche und die Vertreter der Fachabteilungen Hardware und Software vertreten. Von unserer Seite waren der
Projektleiter und ebenfalls die Vertreter aus Hard- und Softwareentwicklung anwesend. Neben diesen Personen war noch ein Moderator
mit dabei, der die Wahl der Validierungstechnik „Technisches Review"
kompetent begleitet hat (Kapitel Prüftechniken).

Zusammen wurde die Hardwarespezifikation und die Software-spezifikation Schritt für Schritt durchgegangen: Seite für Seite und Anforderung für Anforderung. Ziele dieses Reviews waren: Herstellen des gemeinsamen Verständnisses und Finden und Auflösen von Konflikten, Validierung der Abnahmekriterien, Qualitätssicherung der Anforderungen wie Vollständigkeit, Korrektheit und Prüfbarkeit (Kapitel Qualitätsprüfung der Anforderungen).

Die Ergebnisse des Technischen Reviews wurden in einer Vorlage für Reviewbefunde festgehalten und nach der Sitzung entsprechend in die Dokumente eingepflegt. Danach wurden die Spezifikationen an den Kunden geschickt mit dem Ziel, eine schriftliche Freigabe zu bekommen. Die freigegebenen Dokumente waren dann die Basis für die weitere Entwicklung.

18 Praxisbeispiel Haustier

Einmal losgelöst von Produktentwicklungen und dem damit oft verbundenen technischen Hintergrund, möchte ich in diesem nichttechnischen Praxisbeispiel die Haupttätigkeiten aus dem AM anhand einer wahren „Haustier-Geschichte" noch einmal mit Ihnen durchlaufen.

Dazu berichte ich vom Erwerb – wenn ich das so nennen darf – eines neuen Haustieres, einer Katze. Unsere letzte Katze war leider mit stolzen siebzehn Jahren gestorben. Wer schon einmal mit einer lieben Katze als Familienmitglied gelebt hat, wird hier selten in der Zukunft katzenlos leben wollen, es sei denn, es gibt triftige Gründe dafür.

Also, machen wir jetzt zusammen „AM Haustier Katzenerwerb".

Wenn Sie vorher noch nie oder wenig mit dem Thema AM zu tun hatten und sich daher nicht wirklich Gedanken darüber gemacht haben, lassen Sie das in diesem Buch Gelernte einmal Revue passieren: Sie werden (nochmals) sehr überrascht sein, wie viel AM im täglichen Leben existent ist und von Ihnen – wenn vielleicht auch nur intuitiv – schon umgesetzt wurde.

Rollen
Für das weitere Verständnis und Vorgehen sind die genauen Rollen aller aktuell beteiligten Stakeholder für Sie wichtig.

Auftraggeber: Marcus, Sibylle und Daniel

Auftragnehmer: Züchter = Lieferant

18.1 Anforderungen ermitteln

Die Tätigkeit „Anforderungen ermitteln" ist die Haupttätigkeit 1 im AM. Zu dem „Produktentwicklungs-Vorhaben" „Wir wollen eine neue Katze" hatten wir in lockerer Atmosphäre in Gesprächen das Thema diskutiert.

In den entsprechenden Kapiteln (u.a. Kapitel Wahl der Stakeholder) haben Sie erfahren, dass die Auswahl der richtigen Stakeholder für das Ermitteln und Finden der richtigen Anforderungen notwendig ist.

Wer konnten bei uns die relevanten Stakeholder sein?
- die Ehefrau, der Ehemann
- die Lebenspartnerin, der Lebenspartner
- die Tochter, die Töchter
- der Sohn, die Söhne
- Verwandte
- Freunde und Bekannte

In unserem Fall waren die relevanten Stakeholder auf der Seite des Auftraggebers meine Frau Sibylle, unser Sohn Daniel und ich (Marcus Grande).

Aus planerischer Sicht hatten wir uns mündlich einen Tag vorher zur Durchsprache verabredet, der Agendapunkt lautete: „Was für eine Katze möchten wir uns zulegen?". Das Besprechen erfolgte sehr ungezwungen abends im Wohnzimmer (Kapitel Kommunikation).

Während der Unterhaltung ergaben sich durch den Einsatz der Technik Brainstorming, die also hier zur Anforderungsermittlung eingesetzt wurde, zusammengefasst erst einmal die folgenden Aussagen und Fragen:
- Die Größe der Katze soll egal sein.
- Männchen oder Weibchen?
- Die Farbe soll weiß, rot oder egal sein.
- Rasse egal oder doch reinrassig?
- Vom Züchter holen oder lieber aus dem Tierheim?
- Freigänger oder Wohnungskatze?

Im weiteren Verlauf der Gespräche wurde der Aussagen-Frage Katalog noch etwas erweitert:
- Wer genau kümmert sich im Alltag um die Katze?
- Wer bezahlt die Katze?
- Was ist, wenn wir gemeinsam in den Urlaub fahren wollen?
- Haben wir einen Tierarzt in der Nähe?

Was an den Fragen und Aussagen sehr schön zu erkennen ist, ist die Tatsache, dass je nach der Lebenserfahrung und der gesammelten Katzenerfahrung der beteiligten Stakeholder sich hier die unterschiedlichsten Aussagen, Aspekte und Fragen ergeben haben.

18.2 Anforderungen dokumentieren

Die Tätigkeit „Anforderungen dokumentieren" ist die Haupttätigkeit 2 im AM. Um die Inhalte und das Gesagte aus dem Gespräch nicht zu verlieren, mussten die Ergebnisse aus dem Brainstorming aufgeschrieben und damit dokumentiert werden. In unserem privaten Fall wurde das handschriftlich auf einem Blatt Papier erledigt. Sollten Sie im Wohnzimmer ein Flipchart aufstellen, könnte es mit Ihrem Partner weiterführende Diskussionen geben.

Da das Thema „Auswahl Katze" scheinbar nicht so komplex ist wie eine Produktentwicklung kann es sein, dass die Dokumentation bei Ihnen privat ganz entfällt. Hier könnten Sie voraussetzen, dass die Stakeholder sich die Besprechungspunkte wohl merken können. In der Praxis zeigt sich später dann doch oft, wie zum Beispiel bei der Frage: „Wer kümmert sich denn permanent über den kompletten Lebenszyklus um die Katze?", dass sich genau diese besprochene und ursprünglich zugewiesene Aufgabe „um die Katze kümmern" ändert und die ursprüngliche Zuordnung (meistens diejenigen, die eine Katze haben wollten) verloren geht.

Damit möchte ich nochmals die Wichtigkeit der Dokumentation der Anforderungen hervorheben. Sie dient dem gemeinsamen Verständnis und als Basis für eine Prüfung, ob alles so umgesetzt ist, wie gewünscht.

18.2.1 Anforderungsspezifikation

Aus Sicht der Stakeholder würde es die drei Spezifikationen Lastenheft, Pflichtenheft und die Katzen-Anforderungs-Spezifikation (KAS) geben.

Wir hatten jetzt die Anforderungen ermittelt und zumindest handschriftlich dokumentiert. Aus Sicht des Auftraggebers müssten wir ein Lastenheft erstellen. Der Auftragnehmer erstellt auf Basis unseres Lastenheftes ein Pflichtenheft, in dem er beschreibt, wie er unser Vorhaben „Neue Katze" umzusetzen gedenkt. Der Züchter wird funktionale und nicht-funktionale Anforderungen in seinem Pflichtenheft dokumentieren.

Nicht-funktionale Anforderungen waren Qualität und Randbedingungen: Punkte wie Lieferbedingungen, Zahlungsbedingungen und Rechtliches.

Ich überspringe hier die detaillierten Inhalte der Lasten- und Pflichtenhefte und lasse den Züchter exemplarisch eine detaillierte Spezifikation erstellen. Er soll sie KAS nennen, die Katzen-Anforderungs-Spezifikation. Darin werden dann die Regeln für die Formulierung und die Bauanleitungen für Anforderungen einfließen (Kapitel So formulieren Sie Anforderungen).

18.2.2 Katzen-Anforderungs-Spezifikation (KAS)

Abbildung 18-1: Blockschaltbild „Furry"

KAS_010	*Eindeutige ID*
1.0	*Aktuelle Version*
Geschlecht	*Name*
Das Geschlecht der Katze muss	*Beschreibung*
weiblich sein.	
Status = freigegeben	*Status*

KAS_020
1.0
Körpergröße
Die Körpergröße muss mittelgroß sein, d.h. die Schulterhöhe beträgt 25 cm +- 3 cm.
Status = freigegeben

KAS_030
1.0
Rasse
Die Katze muss reinrassig sein.
Status = freigegeben

Zusätzlich zu den Formulierungsregeln muss der Züchter die Anforderungsarten und die Attribute der Anforderungen kennen. Er dokumentiert das in der Vorlage (SAS -> KAS) und kennt die wichtigsten Attribute gemäß dem Fünfeck der Anforderungs-Pflicht-Attribute (FAPA): Die eindeutige ID, die aktuelle Version, den Namen und die Beschreibung sowie den Status der einzelnen Anforderungen.

18.3 Validierung der Anforderungen

Die Validierung der Anforderungen ist Haupttätigkeit 4 des AM (Kapitel Wahre Anforderungen – Validierung). Hat der Züchter die Anforderungen in der KAS formuliert und dokumentiert, muss er in seiner Züchterorganisation ein Review auf die KAS durchführen und die Reviewergebnisse darin einpflegen. Dann müssen sich die Stakeholder auf der Seite des Züchters und unsere Stakeholder treffen, um die Anforderungen zusammen abzustimmen und zu validieren. Validierung bedeutete die Prüfung der Frage: „Bauen wir die richtige Katze?" oder katzenfreundlicher formuliert, sind die Anforderungen an die neue Katze wirklich genau so aufgeschrieben, wie wir es haben wollten.

Die Validierung erfolgt mit Hilfe von Prüftechniken wie der Inspektion oder dem Technisches Review. Natürlich haben wir in diesem Fall den Züchter unseres Vertrauens nicht zu einem Technischen Review eingeladen. Hier wurden unsere Wünsche, oder besser unsere mit uns abgestimmten Anforderungen mündlich überliefert.

Bei der Validierung haben wir festgestellt, dass wir die Anforderung für das Katzenfutter vergessen haben. In der KAS muss der Züchter daher eine weitere Anforderung ergänzen:

KAS_100
1.0
Futtermenge
Der tägliche Futterbedarf der Katze muss kleiner oder gleich 1 Dose mit einem Nettogewicht von 150g +-5% betragen.
Status = abgestimmt

Das mit dem müssen ist hier wohl Katzensache, aus Sicht der Formulierung der Anforderung jedoch formal korrekt. Die Angaben in der Anforderung beruhen auf Erfahrungen oder wurden durch Gespräche mit Personen, die sich damit auskennen, ermittelt.

Ich möchte hier persönlich anmerken, dass die Anforderung zur Futtermenge nicht wirklich den Appetit der Katze getroffen hat. In der Praxis hat sie hier mehr „gefressen", als es in der entsprechenden Anforderung spezifiziert war. Hier sind die Anforderungen zwar validiert worden, eine Garantie, ob die Annahmen und Erfahrungen dazu auch korrekt sind, gab es so aber für diese Katze noch nicht.

18.4 Pflege der Anforderungen

Wenn wir aus heutiger Sicht die Anforderung KAS_020 Körpergröße verifizieren, müssen wir leider zugeben, dass wir das zwar schön diskutiert und dokumentiert haben, sich jedoch die Anforderung über den Lebenszyklus geändert hat. Unsere „Furry" wird sichtbar größer. Hier erinnern wir uns mit Vergnügen an die Aussage des Züchters:

„Das ist ein Maine Coon Weibchen, das wird nicht so groß".

Eine Möglichkeit wäre gewesen, diese Anforderung durch einen Prototypen abzusichern, d.h. eine vergleichbare Katze in echt vorher probezuhalten und bezüglich Größe und dem Appetit zu verifizieren.

Hier hat sich eine Anforderung geändert. Es kann auch sein, dass neue Anforderungen hinzukommen oder Optimierungen notwendig werden. Diese Punkte werden dann in die Anforderungsdokumentation (KAS) eingepflegt. Die geänderten Anforderungen durchlaufen dann erneut den linearen Haupttätigkeitsablauf: Ermittlung, Dokumentation und Validierung und quasi parallel die Haupttätigkeit 4 zur Pflege der Anforderungen.

Abseits dieser repräsentativen Geschichte zur Anwendung des AM auf die „Katzenwahl" kann ich sagen, dass in diesem Fall – gilt nicht für Produktentwicklungen!!! – jegliche Abnahmekriterien unter den Tisch gefallen sind.

Zu süß ist die kleine „Furry".

Damit sind Sie schon am Ende dieser „kompakten Anforderungsreise" angekommen. Das Schöne dabei ist jedoch, dass Sie eine Vielzahl an möglichen weiteren großen Reisen antreten können, wenn Sie es möchten.

Dazu will ich Sie gerne ermutigen und wünsche Ihnen spannende Reiseziele und wunderschönes Wetter.

Viel Erfolg bei Ihrer weiteren Anforderungsmanagement Zukunft.

Begriffe

Begriff	Kurzerklärung
Artefakt	Ein Produkt, das als Zwischen- oder Endergebnis entsteht. Das können Dokumente und Dateien wie Spezifikationen, Testergebnisse oder Konstruktionszeichnungen sein
Assessment	In einem Assessment wird die Reife von Prozessen überprüft. Dabei werden die Stärken und Schwächen der Prozesse mit dem Ziel bestimmt, diese durch geplante Maßnahmen zu verbessern
Assessor	Assessoren sind Personen, die anhand eines Reifegradmodells und dessen Methoden eine Bestimmung des Reifegrades durchführen
Baseline	Momentaufnahme der Konfiguration eines Produkts und seiner Artefakte zu einem bestimmten Zeitpunkt
CMMI	Bezeichnung für ein Reifegradmodell CMMI = Capability Maturity Model Integration
CPRE	Certified Professional for Requirements Engineering Zertifizierung für die Basisinhalte – Foundation Level – des Requirements Engineering
Evaluation	Die Beschreibung, Analyse und Bewertung von Projekten, Prozessen und Einheiten einer Organisation
Einfluss-Analyse Impact-Analyse	Methode zur Ermittlung der Einflüsse nach Änderungen auf andere Artefakte. Diese Funktionalität wird von den professionellen AM-Werkzeugen unterstützt

Begriff	Kurzerklärung
IREB e.V.	International Requirements Engineering Board e.V. Das IREB besteht aus vielen Fachleuten, die u.a. im Bereich des Anforderungsmanagements tätig sind und einen Lehrplan für die Schulung der AM-Inhalte und zertifizierte Prüfungsinhalte, die über die CPRE geprüft werden, erstellt haben
Konfigurations-management	Konfigurationsmanagement ist ein Management-prozess zur Herstellung der Konsistenz von Arbeits-ergebnissen
Lastenheft	Ein Lastenheft beschreibt alle Forderungen des Auftraggebers (z.B. Ihres Kunden) bezüglich der Leistungen und Lieferungen an den Auftragnehmer (z.B. Ihre Organisation). Synonyme sind Spezi-fikation, Kundenspezifikation oder Anforderungs-spezifikation
Mikrocontroller	Mikrocontroller sind Halbleiterbauelemente. Sie sind quasi Computersysteme auf einem Chip, die Pro-gramm- und Datenspeicher sowie Peripherie-funktionen auf dem selben Chip integriert haben. Synonyme sind μC, MCU oder μController
Nachverfolgbar-keit	Begriff aus dem Tätigkeitsbereich Verwalten von Anforderungen. Synonyme sind Nachvoll-ziehbarkeit und Traceability. Die Nachverfolgbarkeit wird technisch z.B. durch Referenzen und Verknüp-fungen hergestellt. Bei der Nachverfolgbarkeit in beide Richtungen (bidirektionale Traceability) kann a) von den Anforderungen zur Quelle dieser Anfor-derungen verfolgt werden (z.B. Kunden-Lastenheft) und b) von den Anforderungen zum Ziel (z.B. nach-folgende Artefakte wie Designdokumente oder Softwarefunktionen)
Nachvollziehbar-keit	Siehe Nachverfolgbarkeit

Begriff	Kurzerklärung
NLP	Neurolinguistische Programmierung. NLP ist eine Abgrenzung der wissenschaftlichen Psychologie. Schwerpunkte darin sind u.a. Kommunikationstechniken. Im NLP ist beispielsweise die Walt-Disney-Methode (Kreativitätstechnik) als NLP-Strategiemodell bekannt
Pflichtenheft	Im Pflichtenheft beschreibt der Auftragnehmer, wie er die Forderungen aus dem Lastenheft umzusetzen gedenkt
Pilotierung	Testen eines Produkts oder Programms mit dem Ziel, die Eignung für Ihre Organisation zu bewerten
Reifegradmodell	Modell zur Qualitätsbeurteilung von Prozessen. Beispiele für Reifegradmodelle sind CMMI und SPICE
Release	Eine Release ist im allgemeinen eine ausgelieferte Version eines Produkts und seiner Artefakte
RIF ReqIF	Requirements Interchange Format Standardisiertes Dateiformat zum Austausch von Anforderungen zwischen Werkzeugen unterschiedlicher Hersteller
Spezifikation	Eine Spezifikation ist eine formale Beschreibung von Systemen oder Produkten. Das Lastenheft ist z.B. eine Anforderungsspezifikation, das Pflichtenheft eine Umsetzungsspezifikation
SPICE	Bezeichnung für ein Reifegradmodell. SPICE = Software Process Improvement and Capability Determination

Begriff	Kurzerklärung
Stakeholder	Personen, die ein Interesse an einem Ergebnis oder an einem Verlauf haben. Synonyme zum Begriff Stakeholder sind Beteiligte oder Interessierte. Im Kontext Anforderungsmanagement sind das alle Personen, die etwas zu den Anforderungen an das Produkt beitragen können. Sie sind zur Ermittlung von Anforderungen ein notwendiger Personenkreis
Traceability	Siehe Nachverfolgbarkeit
Traceability, bidirektional	Bidirektionale Traceability ist die Nachverfolgbarkeit in beide Richtungen: Spur 1 (Trace) aus Sicht Ihrer Anforderungs-Spezifikation in Richtung zu den Quellen (z.B. Lastenheft des Kunden) und Spur 2 in Richtung zu den Zielen (Umsetzungsartefakten) der Anforderungen
Validierung	Ist ein Vorgehen der Beweisführung, dass ein Produkt die Anforderungen erfüllt. Es überprüft die Frage: „Bauen Sie das richtige Produkt?"
Verifikation	Ist ein Vorgehen zur Beweisführung, ob das Produkt der vorgegebenen Spezifikation auch wirklich entspricht. Es überprüft die Frage: „Bauen Sie das Produkt richtig?"
Version	Bezeichnung für einen eindeutigen Inhalt einer Anforderung, eines Dokuments oder eines Artefakts. Unterschiedliche Inhalte müssen in der Regel eine geänderte Versionsbezeichnung erhalten
Werkzeug	Mit Werkzeugen sollen hier Computerprogramme gemeint sein. Das können Standardprogramme wie Textverarbeitung oder spezialisierte Programme zur Unterstützung der Tätigkeiten im AM sein
XML	Extensible Markup Language Erweiterbare Auszeichnungssprache zur Darstellung von Daten in Textdateien. Die Daten sind hierarchisch strukturiert.

Weiterführende Informationen

Allgemeine Literatur AM

BWRE-2009   Buch: Basiswissen Requirements Engineering, Aus- und Weiterbildung nach IREB-Standard zum Certified Professional for Requirements Engineering Foundation Level, dpunkt.verlag, Klaus Pohl, Chris Rupp

RE&M-2009   Buch: Requirements-Engineering und -management, Hanser, Chris Rupp & die Sophisten

KAM-2002   Buch: Kontinuierliches Anforderungsmanagement Prozesse – Techniken – Werkzeuge, Addison-Wesley, Bruno Schienmann

IREB

IREB e.V.   International Requirements Engineering Board e. V.
            http://www.certified-re.de

IREB Lehrplan   IREB Lehrplan Certified Professional for Requirements Engineering, Foundation Level, Version 2.1,
            Ausgabe vom 1. September 2010
            Erstellt von den Board Mitgliedern Karol Frühauf, Emmerich Fuchs, Martin Glinz, Rainer Grau, Colin Hood, Frank Houdek, Peter Hruschka, Barbara Paech, Klaus Pohl und Chris Rupp und den fördernden Mitgliedern Joseph Bruder, Samuel Fricker, Peter Laeschke, Sven Krause, Steffen Lenz, Günter Halmans, Urte Pautz, Dirk Schüpferling, Johannes Staub und Thorsten Weyer.
            Urheberrecht des Lehrplans IREB CPRE besitzen die aufgeführten Autoren

Anforderungsarten

Norm ISO9126   Norm Software Engineering – Produkt Qualität
            http://www.iso.org/iso/catalogue_detail.htm?csnumber=22749
            ISO/IEC 9126-1:2001

AM beginnen, Anforderungen finden

Kommunikation	Buch: Miteinander reden – Störungen und Klärungen, Friedemann Schulz von Thun, rororo Sachbuch 1990
Kreativitätstechniken	Buch: Serious Creativity, Edward de Bono, SchäfferPoeschel Verlag

Wer macht Anforderungsmanagement? Anforderungsmanager

Anforderungsmanager Profil, Auftreten	Buch: 100 Minuten für den kompetenten Auftritt, Zielsicher, souverän und glaubwürdig, Sibylle Horger-Thies, Vieweg+Teubner Verlag 2011

Anforderungsdokumentation

IEEE830-1998	Norm: IEEE Std 830-1998, Recommended Practice for Software Requirements Specifications http://standards.ieee.org/findstds/standard/830-1998.html
IEEE1233-1998	Norm: IEEE Std 1233-1998 Recommended Practice for System Requirements Specifications

Dokumentation

UML-2005	Buch: UML@Work Objektorientierte Modellierung mit UML2 M.Hitz, G.Kappel, E.Kapsammer, W. Retschitzegger dpunkt.Verlag 2005
Werkzeug UML	Enterprise Architect von Sparx Systems http://www.sparxsystems.de

Werkzeuge AM

Übersicht	Werkzeugübersicht bei incose http://www.incose.org/ProductsPubs/products/rmsurvey.aspx
DOORS	IBM: http://www-01.ibm.com/software/awdtools/doors/

CaliberRB	Borland: http://www.borland.com/de/products/caliber/index.html
Integrity	MKS: http://www.mks.com
Visure Requirements (früher IrqA)	Visure Solutions: http://www.visuresolutions.de

Wahre Anforderungen - Validierung

IEEE1028	Norm: IEEE1028 Reviewarten, Walkthrough, Technisches Review, Inspektion
Konfliktmanagement	Buch: Konfliktmanagement – Ein Handbuch für Führungskräfte, Beraterinnen und Berater, Friedrich Glasl 2010

Austauschformat RIF / ReqIF

RIF / ReqIF	http://www.omg.org

Versions- und Konfigurationsmanagement

Subversion 2007	Buch: Werkzeug für Versions- und Konfigurationsmanagement Subversion, Frank Budszuhn, Grundlagen, Konzepte, Praxis und Administration, Galileo Computing http://www.galileocomputing.de
Konfigurationsmanagement	Buch: 100 Minuten für Konfigurationsmanagement Marcus Grande, SpringerVieweg Verlag 2012

Reifegradmodelle

CMMI	Capability Maturity Model Integration http://www.sei.cmu.edu
CMMI 1.3	Buch: CMMI for Development Version 1.3, Addison-Wesley Verlag, Mary Beth Chrissis, Mike Konrad, Sandy Shrum
SPICE	Software Process Improvement and Capability Determination http://www.iso.org

Phasenmodelle

| Phasenmodelle | Buch: Lehrbuch der Software-Technik, Helmut Balzert 1998 |

Sonstige

Anforderungen im Griff	Artikel: Anforderungen im Griff, Zeitschrift Elektronik 15/2007, Seiten 42 bis 46, Autor Dr. Stephan Grünfelder
Fehler verfolgungs-Werkzeuge	Mantis: http://www.mantisbt.org Bugzilla: http://www.bugzilla.org
Glossar Actano	http://www.actano.de
NLP-Kartei	Die NLP-Kartei, Practitioner-Set, Waltraud Trageser – Marco von Münchhausen, Jungfermann Paderborn, 2005
Peter Bichsel Glossar-Geschichte	„Ein Tisch ist ein Tisch", Peter Bichsel. http://www.yolanthe.de/stories/bichsel01.htm
Wikipedia	Wikipedia, http://de.wikipedia.org/wiki/
Zeitmanage-ment	Buch: Das neue 1x1 des Zeitmanagement Seiwert, Lothar J, München: Gräfe und Unzer, 2005

Indexverzeichnis

Printed in the United States
By Bookmasters